TRANZLATY

La Langue est pour tout le Monde

Taal is voor iedereen

L'appel de la forêt

Als de natuur roept

Jack London

Français / Nederlands

Dans le primitif
In het primitieve

Buck ne lisait pas les journaux.
Buck las de kranten niet.
S'il avait lu les journaux, il aurait su que des problèmes se préparaient.
Als hij de kranten had gelezen, had hij geweten dat er problemen op komst waren.
Il y avait des problèmes non seulement pour lui-même, mais pour tous les chiens de la marée.
Niet alleen hijzelf had het moeilijk, maar alle andere honden in het water.
Tout chien musclé et aux poils longs et chauds allait avoir des ennuis.
Elke hond met sterke spieren en warm, lang haar zou in de problemen komen.
De Puget Bay à San Diego, aucun chien ne pouvait échapper à ce qui allait arriver.
Van Puget Bay tot San Diego kon geen enkele hond ontsnappen aan wat hem te wachten stond.
Des hommes, tâtonnant dans l'obscurité de l'Arctique, avaient trouvé un métal jaune.
Mannen, die door de duisternis van de Arctische zee tastten, vonden een geel metaal.
Les compagnies de navigation et de transport étaient à la recherche de cette découverte.
Stoomboot- en transportbedrijven waren op zoek naar de ontdekking.
Des milliers d'hommes se précipitaient vers le Nord.
Duizenden mannen haastten zich naar het Noordland.
Ces hommes voulaient des chiens, et les chiens qu'ils voulaient étaient des chiens lourds.
Deze mannen wilden honden, en de honden die ze wilden, waren zware honden.
Chiens dotés de muscles puissants pour travailler.
Honden met sterke spieren waarmee ze kunnen werken.

Chiens avec des manteaux de fourrure pour les protéger du gel.
Honden met een harige vacht om zich te beschermen tegen de vorst.

Buck vivait dans une grande maison dans la vallée ensoleillée de Santa Clara.
Buck woonde in een groot huis in de zonnige Santa Clara-vallei.

La maison du juge Miller s'appelait ainsi.
Rechter Miller's Place, zo heette zijn huis.

Sa maison se trouvait en retrait de la route, à moitié cachée parmi les arbres.
Zijn huis stond een stukje van de weg af, half verborgen tussen de bomen.

On pouvait apercevoir la large véranda qui courait autour de la maison.
Je kon een glimp opvangen van de brede veranda die rondom het huis liep.

On accédait à la maison par des allées gravillonnées.
Het huis was bereikbaar via een oprit met grind.

Les sentiers serpentaient à travers de vastes pelouses.
De paden kronkelden door uitgestrekte gazons.

Au-dessus de nos têtes se trouvaient les branches entrelacées de grands peupliers.
Boven ons hoofd hingen de takken van hoge populieren ineengestrengelde takken.

À l'arrière de la maison, les choses étaient encore plus spacieuses.
Aan de achterzijde van het huis was het nog ruimer.

Il y avait de grandes écuries, où une douzaine de palefreniers discutaient
Er waren grote stallen, waar een tiental stalknechten stonden te kletsen

Il y avait des rangées de maisons de serviteurs recouvertes de vigne

Er waren rijen met wijnranken begroeide huisjes voor
bedienden

**Et il y avait une gamme infinie et ordonnée de toilettes
extérieures**

En er was een eindeloze en ordelijke reeks buitentoiletten

**Longues tonnelles de vigne, pâturages verts, vergers et
parcelles de baies.**

Lange druivenranken, groene weiden, boomgaarden en
bessenvelden.

Ensuite, il y avait l'usine de pompage du puits artésien.

Dan was er nog de pompinstallatie voor de artesische put.

Et il y avait le grand réservoir en ciment rempli d'eau.

En daar stond de grote cementtank, gevuld met water.

**C'est ici que les garçons du juge Miller ont fait leur
plongeon matinal.**

Hier waagden de jongens van rechter Miller hun ochtendduik.

Et ils se sont rafraîchis là-bas aussi dans l'après-midi chaud.

En ook daar koelden ze af in de hete namiddag.

**Et sur ce grand domaine, Buck était celui qui régnait sur
tout.**

En Buck was degene die over dit grote domein heerste.

**Buck est né sur cette terre et y a vécu toutes ses quatre
années.**

Buck werd op dit land geboren en woonde hier al zijn vier
levensjaren.

**Il y avait bien d'autres chiens, mais ils n'avaient pas
vraiment d'importance.**

Er waren weliswaar nog andere honden, maar die waren niet
wezenlijk van belang.

**D'autres chiens étaient attendus dans un endroit aussi vaste
que celui-ci.**

Op zo'n uitgestrekte plek als deze werden andere honden
verwacht.

**Ces chiens allaient et venaient, ou vivaient à l'intérieur des
chenils très fréquentés.**

Deze honden kwamen en gingen, of leefden in de drukke
kennels.

Certains chiens vivaient cachés dans la maison, comme Toots et Ysabel.

Sommige honden leefden verborgen in het huis, zoals Toots en Ysabel.

Toots était un carlin japonais, Ysabel un chien nu mexicain.

Toots was een Japanse mopshond, Ysabel een Mexicaanse naakthond.

Ces étranges créatures sortaient rarement de la maison.

Deze vreemde wezens kwamen zelden buiten het huis.

Ils n'ont pas touché le sol, ni respiré l'air libre à l'extérieur.

Ze raakten de grond niet aan en snuffelden ook niet in de buitenlucht.

Il y avait aussi les fox-terriers, au moins une vingtaine.

En dan waren er ook nog foxterriërs, zeker twintig in aantal.

Ces terriers aboyaient férocement sur Toots et Ysabel à l'intérieur.

Deze terriërs blaften fel naar Toots en Ysabel binnenshuis.

Toots et Ysabel sont restés derrière les fenêtres, à l'abri du danger.

Toots en Ysabel bleven achter de ramen, veilig voor gevaar.

Ils étaient gardés par des domestiques munies de balais et de serpillères.

Ze werden bewaakt door dienstmeisjes met bezems en dweilen.

Mais Buck n'était pas un chien de maison, et il n'était pas non plus un chien de chenil.

Maar Buck was geen huishond, maar ook geen kennelhond.

L'ensemble de la propriété appartenait à Buck comme son royaume légitime.

Het gehele landgoed behoorde Buck toe, zijn rechtmatige domein.

Buck nageait dans le réservoir ou partait à la chasse avec les fils du juge.

Buck zwom in het aquarium of ging jagen met de zonen van de rechter.

Il marchait avec Mollie et Alice tôt ou tard le soir.

Hij liep met Mollie en Alice in de vroege en late uren.

Lors des nuits froides, il s'allongeait devant le feu de la bibliothèque avec le juge.

In koude nachten lag hij met de rechter voor de open haard in de bibliotheek.

Buck a promené les petits-fils du juge sur son dos robuste.

Buck reed op zijn sterke rug rond met de kleinzonen van de rechter.

Il roula dans l'herbe avec les garçons, les surveillant de près.

Hij rolde met de jongens door het gras en hield hen nauwlettend in de gaten.

Ils s'aventurèrent jusqu'à la fontaine et même au-delà des champs de baies.

Ze waagden zich tot aan de fontein en zelfs voorbij de bessenvelden.

Parmi les fox terriers, Buck marchait toujours avec une fierté royale.

Tussen de foxterriërs liep Buck altijd met koninklijke trots rond.

Il ignora Toots et Ysabel, les traitant comme s'ils étaient de l'air.

Hij negeerde Toots en Ysabel en behandelde hen alsof ze lucht waren.

Buck régnait sur toutes les créatures vivantes sur les terres du juge Miller.

Buck heerste over alle levende wezens op het land van rechter Miller.

Il régnait sur les animaux, les insectes, les oiseaux et même les humains.

Hij heerste over dieren, insecten, vogels en zelfs mensen.

Le père de Buck, Elmo, était un énorme et fidèle Saint-Bernard.

Bucks vader Elmo was een grote en trouwe Sint-Bernard.

Elmo n'a jamais quitté le juge et l'a servi fidèlement.

Elmo verliet de rechter nooit en diende hem trouw.

Buck semblait prêt à suivre le noble exemple de son père.

Buck leek bereid het nobele voorbeeld van zijn vader te volgen.

Buck n'était pas aussi gros, pesant cent quarante livres.
Buck was niet zo groot, hij woog honderdveertig kilo.
Sa mère, Shep, était un excellent chien de berger écossais.
Zijn moeder, Shep, was een prachtige Schotse herdershond.
Mais même avec ce poids, Buck marchait avec une présence royale.
Maar zelfs met dat gewicht liep Buck met een koninklijke uitstraling.
Cela venait de la bonne nourriture et du respect qu'il recevait toujours.
Dat kwam door het goede eten en het respect dat hij altijd kreeg.
Pendant quatre ans, Buck a vécu comme un noble gâté.
Vier jaar lang leefde Buck als een verwende edelman.
Il était fier de lui, et même légèrement égoïste.
Hij was trots op zichzelf, en zelfs een beetje egoïstisch.
Ce genre de fierté était courant chez les seigneurs des régions reculées.
Dat soort trots was normaal bij landheren in afgelegen gebieden.
Mais Buck s'est sauvé de devenir un chien de maison choyé.
Maar Buck redde zichzelf ervan een verwende huishond te worden.
Il est resté mince et fort grâce à la chasse et à l'exercice.
Door te jagen en te bewegen bleef hij slank en sterk.
Il aimait profondément l'eau, comme les gens qui se baignent dans les lacs froids.
Hij hield erg van water, net als mensen die in koude meren baden.
Cet amour pour l'eau a gardé Buck fort et en très bonne santé.
Zijn liefde voor water hield Buck sterk en gezond.
C'était le chien que Buck était devenu à l'automne 1897.
Dit was de hond die Buck in de herfst van 1897 was geworden.
Lorsque la découverte du Klondike a attiré des hommes vers le Nord gelé.

Toen de Klondike-aanval plaatsvond, werden de mannen naar het bevroren Noorden getrokken.

Des gens du monde entier se sont précipités vers ce pays froid.

Mensen stroomden van over de hele wereld naar het koude land.

Buck, cependant, ne lisait pas les journaux et ne comprenait pas les nouvelles.

Buck las echter geen kranten en begreep het nieuws niet.

Il ne savait pas que Manuel était un homme désagréable à fréquenter.

Hij wist niet dat Manuel een slecht mens was.

Manuel, qui aidait au jardin, avait un problème grave.

Manuel, die in de tuin hielp, had een groot probleem.

Manuel était accro aux jeux de loterie chinois.

Manuel was verslaafd aan gokken in de Chinese loterij.

Il croyait également fermement en un système fixe pour gagner.

Hij geloofde ook sterk in een vast systeem om te winnen.

Cette croyance rendait son échec certain et inévitable.

Die overtuiging maakte zijn mislukking zeker en onvermijdelijk.

Jouer un système exige de l'argent, ce qui manquait à Manuel.

Om volgens een systeem te kunnen spelen heb je geld nodig, en dat had Manuel niet.

Son salaire suffisait à peine à subvenir aux besoins de sa femme et de ses nombreux enfants.

Met zijn salaris kon hij nauwelijks zijn vrouw en vele kinderen onderhouden.

La nuit où Manuel a trahi Buck, les choses étaient normales.

De nacht dat Manuel Buck verraadde, was alles normaal.

Le juge était présent à une réunion de l'Association des producteurs de raisins secs.

De rechter was aanwezig bij een bijeenkomst van de vereniging van rozijnenkwekers.

Les fils du juge étaient alors occupés à former un club d'athlétisme.

De zonen van de rechter waren toen druk bezig met het oprichten van een sportclub.

Personne n'a vu Manuel et Buck sortir par le verger.

Niemand heeft Manuel en Buck door de boomgaard zien vertrekken.

Buck pensait que cette promenade n'était qu'une simple promenade nocturne.

Buck dacht dat deze wandeling gewoon een avondwandeling was.

Ils n'ont rencontré qu'un seul homme à la station du drapeau, à College Park.

Ze ontmoetten slechts één man bij het vlaggenstation in College Park.

Cet homme a parlé à Manuel et ils ont échangé de l'argent.

Die man sprak met Manuel en ze wisselden geld uit.

« Emballez les marchandises avant de les livrer », a-t-il suggéré.

"Verpak de goederen voordat u ze aflevert," stelde hij voor.

La voix de l'homme était rauque et impatiente lorsqu'il parlait.

De stem van de man was schor en ongeduldig toen hij sprak.

Manuel a soigneusement attaché une corde épaisse autour du cou de Buck.

Manuel bond zorgvuldig een dik touw om Bucks nek.

« Tournez la corde et vous l'étoufferez abondamment »

"Draai het touw, en je zult hem flink wurgen"

L'étranger émit un grognement, montrant qu'il comprenait bien.

De vreemdeling gromde, wat aantoonde dat hij het goed begreep.

Buck a accepté la corde avec calme et dignité tranquille ce jour-là.

Buck aanvaardde het touw die dag met kalme en stille waardigheid.

C'était un acte inhabituel, mais Buck faisait confiance aux hommes qu'il connaissait.

Het was een ongebruikelijke daad, maar Buck vertrouwde de mannen die hij kende.

Il croyait que leur sagesse allait bien au-delà de sa propre pensée.

Hij geloofde dat hun wijsheid veel verder ging dan zijn eigen denken.

Mais ensuite la corde fut remise entre les mains de l'étranger.

Maar toen werd het touw in de handen van de vreemdeling gegeven.

Buck émit un grognement sourd qui avertissait avec une menace silencieuse.

Buck gromde zachtjes en gaf een waarschuwende, maar toch stille dreiging.

Il était fier et autoritaire, et voulait montrer son mécontentement.

Hij was trots en dominant, en wilde hiermee zijn ongenoegen laten blijken.

Buck pensait que son avertissement serait compris comme un ordre.

Buck ging ervan uit dat zijn waarschuwing als een bevel zou worden opgevat.

À sa grande surprise, la corde se resserra rapidement autour de son cou épais.

Tot zijn schrik werd het touw strakker om zijn dikke nek getrokken.

Son air fut coupé et il commença à se battre dans une rage soudaine.

Zijn adem werd afgesneden en hij begon in woede te vechten.

Il s'est jeté sur l'homme, qui a rapidement rencontré Buck en plein vol.

Hij sprong op de man af, die Buck snel in de lucht tegemoet sprong.

L'homme attrapa Buck par la gorge et le fit habilement tourner dans les airs.

De man greep Buck bij de keel en draaide hem behendig in de lucht.

Buck a été violemment projeté au sol, atterrissant à plat sur le dos.

Buck werd hard neergeworpen en landde plat op zijn rug.

La corde l'étranglait alors cruellement tandis qu'il donnait des coups de pied sauvages.

Het touw wurgde hem nu op een wrede manier, terwijl hij wild schopte.

Sa langue tomba, sa poitrine se souleva, mais il ne reprit pas son souffle.

Zijn tong viel uit, zijn borstkas ging op en neer, maar hij kreeg geen adem.

Il n'avait jamais été traité avec une telle violence de sa vie.

Nog nooit in zijn leven was hij met zoveel geweld behandeld.

Il n'avait jamais été rempli d'une fureur aussi profonde auparavant.

Nog nooit was hij zo woedend geweest.

Mais le pouvoir de Buck s'est estompé et ses yeux sont devenus vitreux.

Maar Bucks kracht verdween en zijn ogen werden glazig.

Il s'est évanoui juste au moment où un train s'arrêtait à proximité.

Hij viel flauw op het moment dat er vlakbij een trein stopte.

Les deux hommes le jetèrent alors rapidement dans le fourgon à bagages.

Toen gooiden de twee mannen hem snel in de bagagewagen.

La chose suivante que Buck ressentit fut une douleur dans sa langue enflée.

Het volgende wat Buck voelde was pijn in zijn gezwollen tong.

Il se déplaçait dans un chariot tremblant, à peine conscient.

Hij reed rond in een schuddende kar en was slechts vaag bij bewustzijn.

Le cri aigu d'un sifflet de train indiqua à Buck où il se trouvait.

Het scherpe gefluit van een trein vertelde Buck waar hij was.

Il avait souvent roulé avec le juge et connaissait ce sentiment.

Hij had vaak met de rechter gereden en kende het gevoel.

C'était le choc unique de voyager à nouveau dans un fourgon à bagages.

Het was de unieke schok van het weer reizen in een bagagewagen.

Buck ouvrit les yeux et son regard brûla de rage.

Buck opende zijn ogen en zijn blik brandde van woede.

C'était la colère d'un roi fier déchu de son trône.

Dit was de woede van een trotse koning die van zijn troon was gestoten.

Un homme a tenté de l'attraper, mais Buck a frappé en premier.

Een man probeerde hem te grijpen, maar Buck sloeg als eerste toe.

Il enfonça ses dents dans la main de l'homme et la serra fermement.

Hij zette zijn tanden in de hand van de man en hield die stevig vast.

Il ne l'a pas lâché jusqu'à ce qu'il s'évanouisse une deuxième fois.

Hij liet pas los toen hij voor de tweede keer bewusteloos raakte.

« Ouais, il a des crises », murmura l'homme au bagagiste.

"Ja, hij heeft aanvallen," mompelde de man tegen de bagagebeambte.

Le bagagiste avait entendu la lutte et s'était approché.

De bagagebezorger hoorde het gevecht en kwam dichterbij.

« Je l'emmène à Frisco pour le patron », a expliqué l'homme.

"Ik neem hem mee naar Frisco voor de baas," legde de man uit.

« Il y a un excellent vétérinaire qui dit pouvoir les guérir. »

"Daar is een goede hondendokter die zegt dat hij ze kan genezen."

Plus tard dans la soirée, l'homme a donné son propre récit complet.

Later die avond gaf de man zijn eigen volledige verhaal.

Il parlait depuis un hangar derrière un saloon sur les quais.

Hij sprak vanuit een schuur achter een bar op de kade.

« Tout ce qu'on m'a donné, c'était cinquante dollars », se plaignit-il au vendeur du saloon.

"Ik kreeg maar vijftig dollar", klaagde hij tegen de barman.

« Je ne le referais pas, même pour mille dollars en espèces. »

"Ik zou het niet nog een keer doen, zelfs niet voor duizend dollar."

Sa main droite était étroitement enveloppée dans un tissu ensanglanté.

Zijn rechterhand was strak omwikkeld met een bebloede doek.

Son pantalon était déchiré du genou au pied.

Zijn broekspijp was van knie tot voet wijd open gescheurd.

« Combien a été payé l'autre idiot ? » demanda le vendeur du saloon.

"Hoeveel heeft die andere kerel betaald gekregen?" vroeg de barman.

« Cent », répondit l'homme, « il n'accepterait pas un centime de moins. »

"Honderd," antwoordde de man, "hij nam geen cent minder."

« Cela fait cent cinquante », dit le vendeur du saloon.

"Dat is honderdvijftig", zei de barman.

« Et il vaut tout ça, sinon je ne suis pas meilleur qu'un imbécile. »

"En hij is het allemaal waard, anders ben ik niet beter dan een domkop."

L'homme ouvrit les emballages pour examiner sa main.

De man opende de verpakking om zijn hand te onderzoeken.

La main était gravement déchirée et couverte de sang séché.

De hand was ernstig gescheurd en zat vol met opgedroogd bloed.

« Si je n'ai pas l' hydrophobie... » commença-t-il à dire.

"Als ik geen hondsdolheid krijg...", begon hij te zeggen.

« Ce sera parce que tu es né pour être pendu », dit-il en riant.

"Dat komt omdat je geboren bent om te hangen", klonk het lachend.

« Viens m'aider avant de partir », lui a-t-on demandé.

"Kom me even helpen voordat je weggaat," werd hem gevraagd.

Buck était dans un état second à cause de la douleur dans sa langue et sa gorge.

Buck was verdoofd door de pijn in zijn tong en keel.

Il était à moitié étranglé et pouvait à peine se tenir debout.

Hij was half gewurgd en kon nauwelijks rechtop staan.

Pourtant, Buck essayait de faire face aux hommes qui l'avaient blessé ainsi.

Toch probeerde Buck de mannen die hem zoveel pijn hadden gedaan, onder ogen te komen.

Mais ils le jetèrent à terre et l'étranglèrent une fois de plus.

Maar ze gooiden hem opnieuw op de grond en wurgden hem.

Ce n'est qu'à ce moment-là qu'ils ont pu scier son lourd collier de laiton.

Pas toen konden ze zijn zware koperen kraag afzagen.

Ils ont retiré la corde et l'ont poussé dans une caisse.

Ze haalden het touw eraf en duwden hem in een krat.

La caisse était petite et avait la forme d'une cage en fer brut.

De kist was klein en had de vorm van een ruwe ijzeren kooi.

Buck resta allongé là toute la nuit, rempli de colère et d'orgueil blessé.

Buck lag daar de hele nacht, vervuld van woede en gekwetste trots.

Il ne pouvait pas commencer à comprendre ce qui lui arrivait.

Hij kon zich niet voorstellen wat er met hem gebeurde.

Pourquoi ces hommes étranges le gardaient-ils dans cette petite caisse ?

Waarom hielden deze vreemde mannen hem in dit kleine kratje?

Que voulaient-ils de lui et pourquoi cette cruelle captivité ?

Wat wilden ze met hem, en waarom deze wrede gevangenschap?

Il ressentait une pression sombre, un sentiment de catastrophe qui se rapprochait.

Hij voelde een donkere druk, het idee dat de ramp dichterbij kwam.

C'était une peur vague, mais elle pesait lourdement sur son esprit.

Het was een vage angst, maar die maakte een diepe indruk op hem.

Il a sursauté à plusieurs reprises lorsque la porte du hangar a claqué.

Hij sprong meerdere malen op als de schuurdeur rammelde.

Il s'attendait à ce que le juge ou les garçons apparaissent et le sauvent.

Hij verwachtte dat de rechter of de jongens zouden verschijnen en hem zouden redden.

Mais à chaque fois, seul le gros visage du tenancier de bar apparaissait à l'intérieur.

Maar alleen het dikke gezicht van de kroegeigenaar was elke keer te zien.

Le visage de l'homme était éclairé par la faible lueur d'une bougie de suif.

Het gezicht van de man werd verlicht door het zwakke schijnsel van een kaars.

À chaque fois, l'aboiement joyeux de Buck se transformait en un grognement bas et colérique.

Elke keer veranderde Bucks vrolijke geblaf in een laag, boos gegrom.

Le tenancier du saloon l'a laissé seul pour la nuit dans la caisse

De salooneigenaar liet hem de nacht alleen in de krat achter

Mais quand il se réveilla le matin, d'autres hommes arrivèrent.

Maar toen hij de volgende ochtend wakker werd, kwamen er nog meer mannen.

Quatre hommes sont venus et ont ramassé la caisse avec précaution, sans un mot.

Vier mannen kwamen en pakten voorzichtig de kist op,
zonder een woord te zeggen.

**Buck comprit immédiatement dans quelle situation il se
trouvait.**

Buck wist meteen in welke situatie hij zich bevond.

**Ils étaient d'autres bourreaux qu'il devait combattre et
craindre.**

Zij waren nog meer kwellers waar hij tegen moest vechten en
bang voor moest zijn.

**Ces hommes avaient l'air méchants, en haillons et très mal
soignés.**

Deze mannen zagen er slecht, onverzorgd en armoedig uit.

**Buck grogna et se jeta férocement sur eux à travers les
barreaux.**

Buck gromde en sprong woest door de tralies heen op hen af.

**Ils se sont contentés de rire et de le frapper avec de longs
bâtons en bois.**

Ze lachten hem alleen maar uit en prikten met lange houten
stokken.

**Buck a mordu les bâtons, puis s'est rendu compte que c'était
ce qu'ils aimaient.**

Buck beet in de stokjes en besefte toen dat ze dat juist leuk
vonden.

**Il s'allongea donc tranquillement, maussade et brûlant d'une
rage silencieuse.**

Hij ging dus rustig liggen, somber en brandend van stille
woede.

**Ils ont soulevé la caisse dans un chariot et sont partis avec
lui.**

Ze tilden de kist in een wagen en reden met hem weg.

**La caisse, avec Buck enfermé à l'intérieur, changeait souvent
de mains.**

De kist, met Buck erin opgesloten, wisselde vaak van eigenaar.

**Les employés du bureau express ont pris les choses en main
et l'ont traité brièvement.**

Het kantoorpersoneel van Express nam de leiding en hield
hem kort onder controle.

Puis un autre chariot transporta Buck à travers la ville bruyante.

Vervolgens reed er een andere wagen met Buck door het lawaaiige stadje.

Un camion l'a emmené avec des cartons et des colis sur un ferry.

Een vrachtwagen bracht hem met dozen en pakketten naar een veerboot.

Après la traversée, le camion l'a déchargé dans un dépôt ferroviaire.

Nadat hij de grens was overgestoken, werd hij door de vrachtwagen afgezet bij een treinstation.

Finalement, Buck fut placé dans une voiture express en attente.

Uiteindelijk werd Buck in een gereedstaande sneltreinwagon gezet.

Pendant deux jours et deux nuits, les trains ont emporté la voiture express.

Twee dagen en nachten lang reden er treinen rond de sneltreinen die de wagons wegtrokken.

Buck n'a ni mangé ni bu pendant tout le douloureux voyage.

Buck at noch dronk gedurende de hele pijnlijke reis.

Lorsque les messagers express ont essayé de l'approcher, il a grogné.

Toen de koeriers hem naderden, gromde hij.

Ils ont réagi en se moquant de lui et en le taquinant cruellement.

Ze reageerden door hem te bespotten en wreed te plagen.

Buck se jeta sur les barreaux, écumant et tremblant

Buck wierp zich schuimbekkend en trillend op de tralies

ils ont ri bruyamment et l'ont raillé comme des brutes de cour d'école.

Ze lachten luid en bespotten hem alsof het pestkoppen op het schoolplein waren.

Ils aboyaient comme de faux chiens et battaient des bras.

Ze blaften als nep-honden en sloegen met hun armen.

Ils ont même chanté comme des coqs juste pour le contrarier davantage.

Ze kraaiden zelfs als hanen, alleen maar om hem nog meer van streek te maken.

C'était un comportement stupide, et Buck savait que c'était ridicule.

Het was dwaas gedrag, en Buck wist dat het belachelijk was.

Mais cela n'a fait qu'approfondir son sentiment d'indignation et de honte.

Maar dat maakte zijn gevoelens van verontwaardiging en schaamte alleen maar groter.

Il n'a pas été trop dérangé par la faim pendant le voyage.

Tijdens de reis had hij niet veel last van honger.

Mais la soif provoquait une douleur aiguë et une souffrance insupportable.

Maar dorst veroorzaakte hevige pijn en ondraaglijk lijden.

Sa gorge sèche et enflammée et sa langue brûlaient de chaleur.

Zijn droge, ontstoken keel en tong brandden van de hitte.

Cette douleur alimentait la fièvre qui montait dans son corps fier.

Deze pijn versterkte de koorts in zijn trotse lichaam.

Buck était reconnaissant pour une seule chose au cours de ce procès.

Buck was dankbaar voor één ding tijdens deze rechtszaak.

La corde avait été retirée de son cou épais.

Het touw was van zijn dikke nek verwijderd.

La corde avait donné à ces hommes un avantage injuste et cruel.

Het touw had die mannen een oneerlijk en wreed voordeel gegeven.

Maintenant, la corde avait disparu et Buck jura qu'elle ne reviendrait jamais.

Nu was het touw weg en Buck zwoer dat het nooit meer terug zou komen.

Il a décidé qu'aucune corde ne passerait plus jamais autour de son cou.

Hij besloot dat er nooit meer een touw om zijn nek zou komen.

Pendant deux longs jours et deux longues nuits, il souffrit sans nourriture.

Twee lange dagen en nachten leed hij zonder eten.

Et pendant ces heures, il a développé une énorme rage en lui.

En in die uren ontwikkelde zich bij hem een enorme woede.

Ses yeux sont devenus injectés de sang et sauvages à cause d'une colère constante.

Zijn ogen werden bloeddoorlopen en wild van de voortdurende woede.

Il n'était plus Buck, mais un démon aux mâchoires claquantes.

Hij was niet langer Buck, maar een demon met klappende kaken.

Même le juge n'aurait pas reconnu cette créature folle.

Zelfs de rechter herkende dit gekke wezen niet.

Les messagers express ont soupiré de soulagement lorsqu'ils ont atteint Seattle

De koeriers slaakten een zucht van verlichting toen ze Seattle bereikten

Quatre hommes ont soulevé la caisse et l'ont amenée dans une cour arrière.

Vier mannen tilden de kist op en brachten hem naar een achtertuin.

La cour était petite, entourée de murs hauts et solides.

De tuin was klein en omgeven door hoge, stevige muren.

Un grand homme sortit, vêtu d'un pull rouge affaissé.

Een grote man stapte naar buiten in een afzakkende rode trui.

Il a signé le carnet de livraison d'une écriture épaisse et audacieuse.

Hij ondertekende het leveringsboek met een dikke, vette hand.

Buck sentit immédiatement que cet homme était son prochain bourreau.

Buck had meteen het gevoel dat deze man zijn volgende kwelgeest was.

Il se jeta violemment sur les barreaux, les yeux rouges de fureur.

Hij sprong met geweld op de tralies af, zijn ogen rood van woede.

L'homme sourit simplement sombrement et alla chercher une hachette.

De man glimlachte slechts duister en ging een bijl halen.

Il portait également une massue dans sa main droite épaisse et forte.

Hij had ook een knuppel in zijn dikke en sterke rechterhand.

« Tu vas le sortir maintenant ? » demanda le chauffeur, inquiet.

"Ga je hem nu meenemen?" vroeg de chauffeur bezorgd.

« Bien sûr », dit l'homme en enfonçant la hachette dans la caisse comme levier.

'Tuurlijk,' zei de man, terwijl hij de bijl in de kist duwde als hefboom.

Les quatre hommes se dispersèrent instantanément et sautèrent sur le mur de la cour.

De vier mannen gingen er meteen vandoor en sprongen op de tuinmuur.

Depuis leurs endroits sûrs, ils attendaient d'assister au spectacle.

Vanaf hun veilige plekjes wachtten ze om het schouwspel te aanschouwen.

Buck se jeta sur le bois éclaté, le mordant et le secouant violemment.

Buck sprong naar het gespleten hout, beet erin en trilde hevig.

Chaque fois que la hachette touchait la cage, Buck était là pour l'attaquer.

Elke keer dat de bijl de kooi raakte, was Buck er om hem aan te vallen.

Il grogna et claqua des dents avec une rage folle, impatient d'être libéré.

Hij gromde en snoof van woede, hij wilde dolgraag bevrijd worden.

L'homme dehors était calme et stable, concentré sur sa tâche.

De man buiten was kalm en standvastig, geconcentreerd op zijn taak.

« Bon, alors, espèce de diable aux yeux rouges », dit-il lorsque le trou fut grand.

"Goed dan, duivel met de rode ogen," zei hij toen het gat groot was.

Il laissa tomber la hachette et prit le gourdin dans sa main droite.

Hij liet de strijdbijl vallen en nam de knuppel in zijn rechterhand.

Buck ressemblait vraiment à un diable ; les yeux injectés de sang et flamboyants.

Buck zag er echt uit als een duivel; zijn ogen waren bloeddoorlopen en vlammend.

Son pelage se hérissait, de la mousse s'échappait de sa bouche, ses yeux brillaient.

Zijn vacht stond overeind, er stond schuim op zijn mond en zijn ogen glinsterden.

Il rassembla ses muscles et se jeta directement sur le pull rouge.

Hij spande zijn spieren aan en sprong meteen op de rode trui af.

Cent quarante livres de fureur s'abattèrent sur l'homme calme.

Honderdveertig kilo woede vloog op de kalme man af.

Juste avant que ses mâchoires ne se referment, un coup terrible le frappa.

Net voordat zijn kaken op elkaar zouden klemmen, kreeg hij een verschrikkelijke klap.

Ses dents claquèrent l'une contre l'autre, rien d'autre que l'air

Zijn tanden klappen op elkaar, alleen op lucht

une secousse de douleur résonna dans son corps

een pijnscheut galmde door zijn lichaam

Il a fait un saut périlleux en plein vol et s'est écrasé sur le dos et sur le côté.

Hij draaide zich in de lucht om en kwam op zijn rug en zij terecht.

Il n'avait jamais ressenti auparavant le coup d'un gourdin et ne pouvait pas le saisir.

Hij had nog nooit eerder de klap van een knuppel gevoeld en kon hem niet vasthouden.

Avec un grognement strident, mi-aboiement, mi-cri, il bondit à nouveau.

Met een krijsend gegrom, deels geblaf, deels geschreeuw, sprong hij opnieuw.

Un autre coup brutal le frappa et le projeta au sol.

Hij kreeg nog een harde klap en werd op de grond geslingerd.

Cette fois, Buck comprit : c'était la lourde massue de l'homme.

Deze keer begreep Buck het: het was de zware knots van de man.

Mais la rage l'aveuglait, et il n'avait aucune idée de retraite.

Maar woede verblindde hem en hij dacht er niet aan om zich terug te trekken.

Douze fois il s'est lancé et douze fois il est tombé.

Twaalf keer wierp hij zich, en twaalf keer viel hij.

Le gourdin en bois le frappait à chaque fois avec une force impitoyable et écrasante.

De houten knuppel sloeg hem telkens met meedogenloze, verpletterende kracht neer.

Après un coup violent, il se releva en titubant, étourdi et lent.

Na een harde klap kwam hij wankelend en traag overeind.

Du sang coulait de sa bouche, de son nez et même de ses oreilles.

Er stroomde bloed uit zijn mond, zijn neus en zelfs uit zijn oren.

Son pelage autrefois magnifique était maculé de mousse sanglante.

Zijn ooit zo mooie vacht zat onder het bloederige schuim.

Alors l'homme s'est avancé et a donné un coup violent au nez.

Toen stapte de man op en gaf hem een harde klap op zijn neus.

L'agonie était plus vive que tout ce que Buck avait jamais ressenti.

De pijn was heviger dan alles wat Buck ooit had gevoeld.

Avec un rugissement plus bête que chien, il bondit à nouveau pour attaquer.

Met een brul die meer op die van een dier dan op die van een hond leek, sprong hij opnieuw in de aanval.

Mais l'homme attrapa sa mâchoire inférieure et la tourna vers l'arrière.

Maar de man greep zijn onderkaak vast en draaide deze naar achteren.

Buck fit un saut périlleux et s'écrasa à nouveau violemment.

Buck draaide zich om en kwam met een harde klap weer op de grond terecht.

Une dernière fois, Buck se précipita sur lui, maintenant à peine capable de se tenir debout.

Buck stormde nog een laatste keer op hem af; hij kon nu nauwelijks nog op zijn benen staan.

L'homme a frappé avec un timing expert, délivrant le coup final.

De man sloeg met een perfect moment toe en gaf hem de genadeslag.

Buck s'est effondré, inconscient et immobile.

Buck zakte bewusteloos en bewegingloos in elkaar.

« Il n'est pas mauvais pour dresser les chiens, c'est ce que je dis », a crié un homme.

"Hij is niet slecht in het temmen van honden, dat zeg ik tenminste", schreeuwde een man.

« Druther peut briser la volonté d'un chien n'importe quel jour de la semaine. »

"Druther kan elke dag van de week de wil van een hond breken."

« Et deux fois un dimanche ! » a ajouté le chauffeur.

"En twee keer op zondag!" voegde de chauffeur toe.

Il monta dans le chariot et fit claquer les rênes pour partir.

Hij klom in de wagen en trok aan de teugels om te vertrekken.

Buck a lentement repris le contrôle de sa conscience

Buck kreeg langzaam de controle over zijn bewustzijn terug

mais son corps était encore trop faible et brisé pour bouger.

maar zijn lichaam was nog steeds te zwak en gebroken om te bewegen.

Il resta allongé là où il était tombé, regardant l'homme au pull rouge.

Hij bleef liggen waar hij was gevallen en keek naar de man met de rode trui.

« Il répond au nom de Buck », dit l'homme en lisant à haute voix.

"Hij luistert naar de naam Buck", zei de man terwijl hij hardop las.

Il a cité la note envoyée avec la caisse de Buck et les détails.

Hij citeerde uit de brief die bij Bucks krat en details zat.

« Eh bien, Buck, mon garçon », continua l'homme d'un ton amical,

"Nou, Buck, mijn jongen," vervolgde de man met een vriendelijke toon,

« Nous avons eu notre petite dispute, et maintenant c'est fini entre nous. »

"We hebben een klein ruzietje gehad, en nu is het tussen ons voorbij."

« Tu as appris à connaître ta place, et j'ai appris à connaître la mienne », a-t-il ajouté.

"Jij hebt jouw plaats geleerd, en ik heb de mijne geleerd," voegde hij toe.

« Sois sage, tout ira bien et la vie sera agréable. »

"Wees goed, dan zal alles goed gaan, en het leven zal aangenaam zijn."

« Mais sois méchant, et je te botterai les fesses, compris ? »

"Maar wees stout, dan sla ik je helemaal in elkaar, begrepen?"

Tandis qu'il parlait, il tendit la main et tapota la tête douloureuse de Buck.

Terwijl hij sprak, strekte hij zijn hand uit en klopte op Bucks pijnlijke hoofd.

Les cheveux de Buck se dressèrent au contact de l'homme, mais il ne résista pas.

Bucks haar ging overeind staan toen de man hem aanraakte, maar hij verzette zich niet.

L'homme lui apporta de l'eau, que Buck but à grandes gorgées.

De man bracht hem water, dat Buck in grote slokken opdronk.

Puis vint la viande crue, que Buck dévora morceau par morceau.

Daarna kwam het rauwe vlees, dat Buck stukje voor stukje opat.

Il savait qu'il était battu, mais il savait aussi qu'il n'était pas brisé.

Hij wist dat hij verslagen was, maar hij wist ook dat hij niet gebroken was.

Il n'avait aucune chance contre un homme armé d'une matraque.

Hij had geen schijn van kans tegen een man met een knuppel.

Il avait appris la vérité et il n'a jamais oublié cette leçon.

Hij had de waarheid geleerd en die les vergat hij nooit.

Cette arme était le début de la loi dans le nouveau monde de Buck.

Dat wapen was het begin van de wet in Bucks nieuwe wereld.

C'était le début d'un ordre dur et primitif qu'il ne pouvait nier.

Het was het begin van een strenge, primitieve orde die hij niet kon ontkennen.

Il accepta la vérité ; ses instincts sauvages étaient désormais éveillés.

Hij aanvaardde de waarheid; zijn wilde instincten kwamen nu tot leven.

Le monde était devenu plus dur, mais Buck l'a affronté avec courage.

De wereld was harder geworden, maar Buck trotseerde het moedig.

Il a affronté la vie avec une prudence, une ruse et une force tranquille nouvelles.

Hij trad het leven tegemoet met een nieuwe voorzichtigheid, sluwheid en stille kracht.

D'autres chiens sont arrivés, attachés dans des cordes ou des caisses comme Buck l'avait été.

Er kwamen nog meer honden aan, vastgebonden in touwen of kratten, net als Buck.

Certains chiens sont venus calmement, d'autres ont fait rage et se sont battus comme des bêtes sauvages.

Sommige honden kwamen rustig, andere werden woest en vochten als wilde beesten.

Ils furent tous soumis au règne de l'homme au pull rouge.

Ze kwamen allemaal onder het bewind van de man met de rode trui.

À chaque fois, Buck regardait et voyait la même leçon se dérouler.

Buck keek elke keer toe en zag dezelfde les.

L'homme avec la massue était la loi, un maître à obéir.

De man met de knuppel was de wet, een meester die gehoorzaamd moest worden.

Il n'avait pas besoin d'être aimé, mais il fallait qu'on lui obéisse.

Hij hoefde niet aardig gevonden te worden, maar hij moest wel gehoorzaamd worden.

Buck ne s'est jamais montré flatteur ni n'a remué la queue comme le faisaient les chiens plus faibles.

Buck kwispelde of vleide nooit zoals de zwakkere honden deden.

Il a vu des chiens qui avaient été battus et qui continuaient à lécher la main de l'homme.

Hij zag honden die geslagen waren en toch de hand van de man likten.

Il a vu un chien qui refusait d'obéir ou de se soumettre du tout.

Hij zag een hond die totaal niet gehoorzaamde en zich totaal niet onderwierp.

Ce chien s'est battu jusqu'à ce qu'il soit tué dans la bataille pour le contrôle.

Die hond vocht tot hij werd gedood in de strijd om de macht.

Des étrangers venaient parfois voir l'homme au pull rouge.

Soms kwamen er vreemden naar de man met de rode trui kijken.

Ils parlaient sur un ton étrange, suppliant, marchandant et riant.

Ze spraken op vreemde toon: smeekten, onderhandelden en lachten.

Lors de l'échange d'argent, ils partaient avec un ou plusieurs chiens.

Als er geld werd uitgewisseld, gingen ze met een of meerdere honden weg.

Buck se demandait où étaient passés ces chiens, car aucun n'était jamais revenu.

Buck vroeg zich af waar de honden naartoe waren, want geen van hen kwam ooit terug.

la peur de l'inconnu envahissait Buck chaque fois qu'un homme étrange venait

angst voor het onbekende vulde Buck elke keer dat er een vreemde man kwam

il était content à chaque fois qu'un autre chien était pris, plutôt que lui-même.

hij was blij als er elke keer een andere hond werd meegenomen, in plaats van hijzelf.

Mais finalement, le tour de Buck arriva avec l'arrivée d'un homme étrange.

Maar uiteindelijk was Buck aan de beurt toen er een vreemde man arriveerde.

Il était petit, nerveux, parlait un anglais approximatif et jurait.

Hij was klein, pezig, sprak gebrekkig Engels en vloekte.

« Sacré-Dam ! » hurla-t-il en posant les yeux sur le corps de Buck.

"Sacredam!" riep hij toen hij Bucks lichaam zag.

« C'est un sacré chien tyrannique ! Hein ? Combien ? » demanda-t-il à voix haute.

"Dat is een verdomde bullebak! Hé? Hoeveel?" vroeg hij hardop.

« Trois cents, et c'est un cadeau à ce prix-là. »

"Driehonderd, en voor die prijs is hij een cadeautje,"

« Puisque c'est de l'argent du gouvernement, tu ne devrais pas te plaindre, Perrault. »

"Aangezien het overheidsgeld is, moet je niet klagen, Perrault."

Perrault sourit à l'idée de l'accord qu'il venait de conclure avec cet homme.

Perrault grijnsde toen hij zag welke deal hij zojuist met de man had gesloten.

Le prix des chiens a grimpé en flèche en raison de la demande soudaine.

Door de plotselinge vraag stegen de prijzen van honden enorm.

Trois cents dollars, ce n'était pas injuste pour une si belle bête.

Driehonderd dollar was niet oneerlijk voor zo'n mooi beest.

Le gouvernement canadien ne perdrait rien dans cet accord

De Canadese regering zou niets verliezen bij de deal

Leurs dépêches officielles ne seraient pas non plus retardées en transit.

Ook zouden hun officiële berichten niet vertraagd worden tijdens het transport.

Perrault connaissait bien les chiens et pouvait voir que Buck était quelque chose de rare.

Perrault kende honden goed en zag dat Buck een zeldzaamheid was.

« Un sur dix dix mille », pensa-t-il en étudiant la silhouette de Buck.

"Eén op de tienduizend", dacht hij, terwijl hij Bucks postuur bestudeerde.

Buck a vu l'argent changer de mains, mais n'a montré aucune surprise.

Buck zag het geld van eigenaar wisselen, maar was er niet verbaasd over.

Bientôt, lui et Curly, un gentil Terre-Neuve, furent emmenés.

Al snel werden hij en Krullend, een zachtaardige Newfoundlander, weggeleid.

Ils suivirent le petit homme depuis la cour du pull rouge.

Ze volgden het mannetje vanaf de tuin van de rode trui.

Ce fut la dernière fois que Buck vit l'homme avec la massue en bois.

Dat was de laatste keer dat Buck de man met de houten knuppel zag.

Depuis le pont du Narval, il regardait Seattle disparaître au loin.

Vanaf het dek van de Narwhal zag hij Seattle in de verte verdwijnen.

C'était aussi la dernière fois qu'il voyait le chaud Southland.

Het was ook de laatste keer dat hij het warme Zuidland zag.

Perrault les emmena sous le pont et les laissa à François.

Perrault nam ze mee onderdeks en liet ze bij François achter.

François était un géant au visage noir, aux mains rugueuses et calleuses.

François was een reus met een zwart gezicht en ruwe, eeltplekken op zijn handen.

Il était brun et basané; un métis franco-canadien.

Hij was donker en getint; een halfbloed Frans-Canadees.

Pour Buck, ces hommes étaient d'un genre qu'il n'avait jamais vu auparavant.

Voor Buck waren dit mannen zoals hij nog nooit eerder had gezien.

Il allait connaître beaucoup d'autres hommes de ce genre dans les jours qui suivirent.

Hij zou in de toekomst nog veel van zulke mannen leren kennen.

Il ne s'est pas attaché à eux, mais il a appris à les respecter.

Hij raakte er niet aan gehecht, maar hij kreeg er wel respect voor.

Ils étaient justes et sages, et ne se laissaient pas facilement tromper par un chien.

Ze waren eerlijk en wijs, en lieten zich door geen enkele hond zomaar voor de gek houden.

Ils jugeaient les chiens avec calme et ne les punissaient que lorsqu'ils le méritaient.

Ze beoordeelden honden op kalme wijze en straften alleen als dat verdiend was.

Sur le pont inférieur du Narwhal, Buck et Curly ont rencontré deux chiens.

Op het benedendek van de Narwhal ontmoetten Buck en Krullend twee honden.

L'un d'eux était un grand chien blanc venu du lointain et glacial Spitzberg.

Één daarvan was een grote witte hond die uit het verre, ijzige Spitsbergen kwam.

Il avait autrefois navigué avec un baleinier et rejoint un groupe d'enquête.

Hij had ooit met een walvisvaarder gevaren en zich bij een onderzoeksgroep aangesloten.

Il était amical d'une manière sournoise, sournoise et rusée.

Hij was vriendelijk, maar dan op een sluwe, stiekeme en listige manier.

Lors de leur premier repas, il a volé un morceau de viande dans la poêle de Buck.

Tijdens hun eerste maaltijd stal hij een stuk vlees uit Bucks pan.

Buck sauta pour le punir, mais le fouet de François frappa en premier.

Buck sprong op om hem te straffen, maar de zweep van François sloeg als eerste toe.

Le voleur blanc hurla et Buck récupéra l'os volé.

De witte dief gilde en Buck pakte het gestolen bot terug.

Cette équité impressionna Buck, et François gagna son respect.

Die eerlijkheid maakte indruk op Buck en François verdiende zijn respect.

L'autre chien ne lui a pas adressé de salut et n'en a pas voulu en retour.

De andere hond begroette je niet en wilde ook niets terug.

Il ne volait pas de nourriture et ne reniflait pas les nouveaux arrivants avec intérêt.

Hij stal geen eten en besnuffelde de nieuwkomers ook niet met interesse.

Ce chien était sinistre et calme, sombre et lent.

Deze hond was somber en stil, somber en traag.

Il a averti Curly de rester à l'écart en la regardant simplement.

Hij waarschuwde Krullend dat ze uit de buurt moest blijven door haar alleen maar aan te staren.

Son message était clair : laissez-moi tranquille ou il y aura des problèmes.

Zijn boodschap was duidelijk: laat me met rust, anders krijg je problemen.

Il s'appelait Dave et il remarquait à peine son environnement.

Hij heette Dave en hij lette nauwelijks op zijn omgeving.

Il dormait souvent, mangeait tranquillement et bâillait de temps en temps.

Hij sliep vaak, at rustig en geeuwde af en toe.

Le navire ronronnait constamment avec le battement de l'hélice en dessous.

Het schip maakte een voortdurend zoemend geluid, net als de draaiende schroef eronder.

Les jours passèrent sans grand changement, mais le temps devint plus froid.

De dagen verstreken zonder dat er veel veranderde, maar het werd wel kouder.

Buck pouvait le sentir dans ses os et remarqua que les autres le faisaient aussi.

Buck voelde het in zijn botten en zag dat de anderen het ook voelden.

Puis un matin, l'hélice s'est arrêtée et tout est redevenu calme.

Toen stopte op een ochtend de propeller en was alles stil.

Une énergie parcourut le vaisseau ; quelque chose avait changé.

Er ging een energie door het schip: er was iets veranderd.

François est descendu, les a attachés en laisse et les a remontés.

François kwam naar beneden, bevestigde ze aan de lijnen en bracht ze naar boven.

Buck sortit et trouva le sol doux, blanc et froid.

Buck stapte naar buiten en zag dat de grond zacht, wit en koud was.

Il sursauta en arrière, alarmé, et renifla, totalement confus.

Hij deinsde geschrokken achteruit en snoof in totale verwarring.

Une étrange substance blanche tombait du ciel gris.

Er viel een vreemd wit spul uit de grijze lucht.

Il se secoua, mais les flocons blancs continuaient à atterrir sur lui.

Hij schudde zichzelf, maar de witte vlokken bleven op hem landen.

Il renifla soigneusement la substance blanche et lécha quelques morceaux glacés.

Hij besnuffelde het witte spul voorzichtig en likte aan een paar ijskoude stukjes.

La poudre brûla comme du feu, puis disparut de sa langue.

Het poeder brandde als vuur en verdween vervolgens zo van zijn tong.

Buck essaya à nouveau, intrigué par l'étrange froideur qui disparaissait.

Buck probeerde het opnieuw, verbaasd door de vreemde, verdwijnende kou.

Les hommes autour de lui rirent et Buck se sentit gêné.

De mannen om hem heen lachten en Buck voelde zich beschaamd.

Il ne savait pas pourquoi, mais il avait honte de sa réaction.

Hij wist niet waarom, maar hij schaamde zich voor zijn reactie.

C'était sa première expérience avec la neige, et cela le dérouta.

Het was zijn eerste ervaring met sneeuw, en hij raakte erdoor in de war.

La loi du gourdin et des crocs
De wet van de knots en de slagtand

Le premier jour de Buck sur la plage de Dyea ressemblait à un terrible cauchemar.
Bucks eerste dag op het Dyea-strand voelde als een verschrikkelijke nachtmerrie.

Chaque heure apportait de nouveaux chocs et des changements inattendus pour Buck.
Elk uur bracht nieuwe verrassingen en onverwachte veranderingen voor Buck.

Il avait été arraché à la civilisation et jeté dans un chaos sauvage.
Hij was weggerukt uit de bewoonde wereld en in een wilde chaos gestort.

Ce n'était pas une vie ensoleillée et paresseuse, faite d'ennui et de repos.
Dit was geen zonnig, lui leven vol verveling en rust.

Il n'y avait pas de paix, pas de repos, et pas un instant sans danger.
Er was geen vrede, geen rust en geen moment zonder gevaar.

La confusion régnait sur tout et le danger était toujours proche.
Alles werd beheerst door verwarring en het gevaar lag altijd op de loer.

Buck devait rester vigilant car ces hommes et ces chiens étaient différents.
Buck moest alert blijven, want deze mannen en honden waren verschillend.

Ils n'étaient pas originaires des villes ; ils étaient sauvages et sans pitié.

Ze kwamen niet uit de stad; ze waren wild en genadeloos.

Ces hommes et ces chiens ne connaissaient que la loi du gourdin et des crocs.

Deze mannen en honden kenden alleen de wet van de knots en de slagtand.

Buck n'avait jamais vu de chiens se battre comme ces huskies sauvages.

Buck had nog nooit honden zien vechten zoals deze wilde husky's.

Sa première expérience lui a appris une leçon qu'il n'oublierait jamais.

Zijn eerste ervaring leerde hem een les die hij nooit zou vergeten.

Il a eu de la chance que ce ne soit pas lui, sinon il serait mort aussi.

Hij had geluk dat hij het niet was, anders was hij ook gestorven.

Curly était celui qui souffrait tandis que Buck regardait et apprenait.

Krullend was degene die het leed leed, terwijl Buck toekeek en leerde.

Ils avaient installé leur campement près d'un magasin construit en rondins.

Ze hadden hun kamp opgeslagen bij een winkel die gebouwd was van boomstammen.

Curly a essayé d'être amical avec un grand husky ressemblant à un loup.

Krullend probeerde vriendelijk te zijn tegen een grote, wolfachtige husky.

Le husky était plus petit que Curly, mais avait l'air sauvage et méchant.

De husky was kleiner dan Krullend, maar zag er wild en gemeen uit.

Sans prévenir, il a sauté et lui a ouvert le visage.

Zonder waarschuwing sprong hij op en sneed haar gezicht open.

Ses dents lui coupèrent l'œil jusqu'à sa mâchoire en un seul mouvement.

In één beweging sneed hij met zijn tanden van haar oog naar haar kaak.

C'est ainsi que les loups se battaient : ils frappaient vite et sautaient loin.

Zo vochten wolven: snel slaan en wegspringen.

Mais il y avait plus à apprendre que de cette seule attaque.

Maar van die ene aanval konden we meer leren.

Des dizaines de huskies se sont précipités et ont formé un cercle silencieux.

Tientallen husky's kwamen aanrennen en vormden een stille kring.

Ils regardaient attentivement et se léchaient les lèvres avec faim.

Ze keken aandachtig en likten hun lippen af van honger.

Buck ne comprenait pas leur silence ni leurs regards avides.

Buck begreep hun stilte en hun gretige blik niet.

Curly s'est précipité pour attaquer le husky une deuxième fois.

Krullend snelde naar de husky toe en viel hem voor de tweede keer aan.

Il a utilisé sa poitrine pour la renverser avec un mouvement puissant.

Hij sloeg haar met een krachtige beweging met zijn borstkas omver.

Elle est tombée sur le côté et n'a pas pu se relever.

Ze viel op haar zij en kon niet meer opstaan.

C'est ce que les autres attendaient depuis le début.

Dat was waar de anderen al die tijd op hadden gewacht.

Les huskies ont sauté sur elle, hurlant et grognant avec frénésie.

De husky's sprongen op haar en gilden en gromden van woede.

Elle a crié alors qu'ils l'enterraient sous un tas de chiens.

Ze schreeuwde terwijl ze bedolven werd onder een stapel honden.

L'attaque fut si rapide que Buck resta figé sur place sous le choc.

De aanval vond zo snel plaats dat Buck van schrik verstijfde.

Il vit Spitz tirer la langue d'une manière qui ressemblait à un rire.

Hij zag Spitz zijn tong uitsteken op een manier die leek op een lach.

François a attrapé une hache et a couru droit vers le groupe de chiens.

François pakte een bijl en rende recht op de groep honden af.

Trois autres hommes ont utilisé des gourdins pour aider à repousser les huskies.

Drie andere mannen gebruikten knuppels om de husky's weg te jagen.

En seulement deux minutes, le combat était terminé et les chiens avaient disparu.

Binnen twee minuten was het gevecht voorbij en waren de honden verdwenen.

Curly gisait morte dans la neige rouge et piétinée, son corps déchiré.

Krullend lag dood in de rode, vertrapte sneeuw, haar lichaam verscheurd.

Un homme à la peau sombre se tenait au-dessus d'elle, maudissant la scène brutale.

Een donkere man stond boven haar en vervloekte het gruwelijke tafereel.

Le souvenir est resté avec Buck et a hanté ses rêves la nuit.

De herinnering bleef Buck bij en achtervolgde hem 's nachts in zijn dromen.

C'était comme ça ici : pas d'équité, pas de seconde chance.

Zo ging het hier: geen eerlijkheid, geen tweede kans.

Une fois qu'un chien tombait, les autres le tuaient sans pitié.

Als een hond viel, doodden de anderen hem zonder pardon.

Buck décida alors qu'il ne se permettrait jamais de tomber.

Toen besloot Buck dat hij zichzelf nooit zou laten vallen.

Spitz tira à nouveau la langue et rit du sang.

Spitz stak opnieuw zijn tong uit en lachte om het bloed.

À partir de ce moment-là, Buck détesta Spitz de tout son cœur.

Vanaf dat moment haatte Buck Spitz met heel zijn hart.

Avant que Buck ne puisse se remettre de la mort de Curly, quelque chose de nouveau s'est produit.

Voordat Buck kon herstellen van Krullend's dood, gebeurde er iets nieuws.

François s'est approché et a attaché quelque chose autour du corps de Buck.

François kwam naar Buck toe en bond iets om hem heen.

C'était un harnais comme ceux utilisés sur les chevaux du ranch.

Het was een tuig zoals die op de ranch voor paarden werden gebruikt.

Comme Buck avait vu les chevaux travailler, il devait maintenant travailler aussi.

Buck had paarden zien werken en nu moest hij ook aan het werk.

Il a dû tirer François sur un traîneau dans la forêt voisine.

Hij moest François op een slee het nabijgelegen bos in trekken.

Il a ensuite dû ramener une lourde charge de bois de chauffage.

Vervolgens moest hij een lading zwaar brandhout naar boven slepen.

Buck était fier, donc cela lui faisait mal d'être traité comme un animal de travail.

Buck was trots en vond het pijnlijk om als een werkdier behandeld te worden.

Mais il était sage et n'a pas essayé de lutter contre la nouvelle situation.

Maar hij was wijs en probeerde de nieuwe situatie niet te bestrijden.

Il a accepté sa nouvelle vie et a donné le meilleur de lui-même dans chaque tâche.

Hij accepteerde zijn nieuwe leven en deed zijn uiterste best bij elke taak.

Tout ce qui concernait ce travail lui était étrange et inconnu.

Alles aan het werk was vreemd en onbekend voor hem.

François était strict et exigeait l'obéissance sans délai.

François was streng en eiste onmiddellijke gehoorzaamheid.

Son fouet garantissait que chaque ordre soit exécuté immédiatement.

Zijn zweep zorgde ervoor dat alle bevelen onmiddellijk werden uitgevoerd.

Dave était le conducteur du traîneau, le chien le plus proche du traîneau derrière Buck.

Dave was de wielrenner, de hond die het dichtst bij de slee achter Buck zat.

Dave mordait Buck sur les pattes arrière s'il faisait une erreur.

Dave beet Buck in zijn achterpoten als hij een fout maakte.

Spitz était le chien de tête, compétent et expérimenté dans ce rôle.

Spitz was de leidende hond en was bekwaam en ervaren in de rol.

Spitz ne pouvait pas atteindre Buck facilement, mais il le corrigea quand même.

Spitz kon Buck niet makkelijk bereiken, maar corrigeerde hem toch.

Il grognait durement ou tirait le traîneau d'une manière qui enseignait à Buck.

Hij gromde hard of trok de slee op een manier waar Buck wat van leerde.

Grâce à cette formation, Buck a appris plus vite que ce qu'ils avaient imaginé.

Dankzij deze training leerde Buck sneller dan ze allemaal hadden verwacht.

Il a travaillé dur et a appris de François et des autres chiens.

Hij werkte hard en leerde van zowel François als de andere honden.

À leur retour, Buck connaissait déjà les commandes clés.

Toen ze terugkwamen, kende Buck de belangrijkste commando's al.

Il a appris à s'arrêter au son « ho » de François.
Hij leerde van François om te stoppen als er "ho" klonk.
Il a appris quand il a dû tirer le traîneau et courir.
Hij leerde het toen hij de slee moest trekken en moest rennen.
Il a appris à tourner largement dans les virages du sentier sans difficulté.
Hij leerde om zonder problemen ruim te sturen in bochten.
Il a également appris à éviter Dave lorsque le traîneau descendait rapidement.
Hij leerde ook om Dave te ontwijken als de slee snel bergafwaarts ging.
« Ce sont de très bons chiens », dit fièrement François à Perrault.
"Het zijn hele goede honden", vertelde François trots aan Perrault.
« Ce Buck tire comme un dingue, je lui apprends vite fait. »
"Die Buck trekt als de hel - ik leer hem razendsnel."

Plus tard dans la journée, Perrault est revenu avec deux autres chiens husky.
Later die dag kwam Perrault terug met nog twee husky's.
Ils s'appelaient Billee et Joe, et ils étaient frères.
Ze heetten Billee en Joe, en ze waren broers.
Ils venaient de la même mère, mais ne se ressemblaient pas du tout.
Ze hadden dezelfde moeder, maar leken totaal niet op elkaar.
Billee était de nature douce et très amicale avec tout le monde.
Billee was aardig en heel vriendelijk tegen iedereen.
Joe était tout le contraire : calme, en colère et toujours en train de grogner.
Joe was het tegenovergestelde: stil, boos en altijd grommend.
Buck les a accueillis de manière amicale et s'est montré calme avec eux deux.
Buck begroette hen vriendelijk en bleef kalm tegen beiden.
Dave ne leur prêta aucune attention et resta silencieux comme d'habitude.

Dave schonk er geen aandacht aan en bleef zoals gewoonlijk stil.

Spitz a attaqué d'abord Billee, puis Joe, pour montrer sa domination.

Spitz viel eerst Billee aan en daarna Joe om zijn dominantie te tonen.

Billee remua la queue et essaya d'être amical avec Spitz.

Billee kwispelde met zijn staart en probeerde vriendelijk te zijn tegen Spitz.

Lorsque cela n'a pas fonctionné, il a essayé de s'enfuir à la place.

Toen dat niet lukte, probeerde hij weg te rennen.

Il a pleuré tristement lorsque Spitz l'a mordu fort sur le côté.

Hij huilde verdrietig toen Spitz hem hard in zijn zij beet.

Mais Joe était très différent et refusait d'être intimidé.

Maar Joe was heel anders en weigerde gepest te worden.

Chaque fois que Spitz s'approchait, Joe se retournait pour lui faire face rapidement.

Elke keer dat Spitz dichterbij kwam, draaide Joe zich snel om om hem onder ogen te komen.

Sa fourrure se hérissa, ses lèvres se retroussèrent et ses dents claquèrent sauvagement.

Zijn vacht stond overeind, zijn lippen krulden en zijn tanden klappen wild op elkaar.

Les yeux de Joe brillaient de peur et de rage, défiant Spitz de frapper.

Joe's ogen glinsterden van angst en woede en hij daagde Spitz uit om toe te slaan.

Spitz abandonna le combat et se détourna, humilié et en colère.

Spitz gaf de strijd op en draaide zich om, vernederd en boos.

Il a déversé sa frustration sur le pauvre Billee et l'a chassé.

Hij reageerde zijn frustratie af op de arme Billee en jaagde hem weg.

Ce soir-là, Perrault ajouta un chien de plus à l'équipe.

Die avond voegde Perrault nog een hond toe aan het team.

Ce chien était vieux, maigre et couvert de cicatrices de guerre.

Deze hond was oud, mager en bedekt met littekens van de oorlog.

L'un de ses yeux manquait, mais l'autre brillait de puissance.

Eén van zijn ogen was verdwenen, maar het andere oog straalde van kracht.

Le nom du nouveau chien était Solleks, ce qui signifiait « celui qui est en colère ».

De naam van de nieuwe hond was Solleks, wat 'de Boze' betekent.

Comme Dave, Solleks ne demandait rien aux autres et ne donnait rien en retour.

Net als Dave vroeg Solleks niets van anderen en gaf ook niets terug.

Lorsque Solleks entra lentement dans le camp, même Spitz resta à l'écart.

Toen Solleks langzaam het kamp binnenliep, bleef zelfs Spitz weg.

Il avait une étrange habitude que Buck a eu la malchance de découvrir.

Hij had een vreemde gewoonte, maar Buck ontdekte dat tot zijn ongeluk.

Solleks détestait qu'on l'approche du côté où il était aveugle.

Solleks vond het vervelend om benaderd te worden aan de kant waar hij blind was.

Buck ne le savait pas et a fait cette erreur par accident.

Buck wist dit niet en maakte die fout per ongeluk.

Solleks se retourna et frappa l'épaule de Buck profondément et rapidement.

Solleks draaide zich om en sneed met een diepe, snelle beweging in Bucks schouder.

À partir de ce moment, Buck ne s'est plus jamais approché du côté aveugle de Solleks.

Vanaf dat moment kwam Buck niet meer in de buurt van de blinde kant van Solleks.

Ils n'ont plus jamais eu de problèmes pendant le reste de leur temps ensemble.

Ze hebben de rest van hun tijd samen nooit meer problemen gehad.

Solleks voulait seulement être laissé seul, comme le calme Dave.

Solleks wilde alleen maar met rust gelaten worden, net als de stille Dave.

Mais Buck apprendra plus tard qu'ils avaient chacun un autre objectif secret.

Maar Buck zou later ontdekken dat ze allebei nog een ander geheim doel hadden.

Cette nuit-là, Buck a dû faire face à un nouveau défi troublant : comment dormir.

Die nacht werd Buck geconfronteerd met een nieuwe en lastige uitdaging: hoe moest hij slapen?

La tente brillait chaleureusement à la lumière des bougies dans le champ enneigé.

De tent gloeide warm met het kaarslicht op het besneeuwde veld.

Buck entra, pensant qu'il pourrait se reposer là comme avant.

Buck liep naar binnen met het idee dat hij daar, net als voorheen, even kon uitrusten.

Mais Perrault et François lui criaient dessus et lui jetaient des casseroles.

Maar Perrault en François schreeuwden tegen hem en gooiden met pannen.

Choqué et confus, Buck s'est enfui dans le froid glacial.

Geschokt en verward rende Buck de vrieskou in.

Un vent glacial piquait son épaule blessée et lui gelait les pattes.

Een scherpe wind prikte in zijn gewonde schouder en bevroor zijn poten.

Il s'est allongé dans la neige et a essayé de dormir à la belle étoile.

Hij ging in de sneeuw liggen en probeerde in de open lucht te slapen.

Mais le froid l'obligea bientôt à se relever, tremblant terriblement.

Maar door de kou moest hij al snel weer opstaan, terwijl hij hevig trilde.

Il erra dans le camp, essayant de trouver un endroit plus chaud.

Hij dwaalde door het kamp, op zoek naar een warmere plek.

Mais chaque coin était aussi froid que le précédent.

Maar elke hoek was nog steeds even koud als de vorige.

Parfois, des chiens sauvages sautaient sur lui dans l'obscurité.

Soms sprongen wilde honden vanuit de duisternis op hem af.

Buck hérissa sa fourrure, montra ses dents et grogna en signe d'avertissement.

Buck zette zijn vacht overeind, ontblootte zijn tanden en gromde waarschuwend.

Il apprenait vite et les autres chiens reculaient rapidement.

Hij leerde snel en de andere honden deinsden snel terug.

Il n'avait toujours pas d'endroit où dormir et ne savait pas quoi faire.

Maar hij had nog steeds geen slaapplaats en geen idee wat hij moest doen.

Finalement, une pensée lui vint : aller voir ses coéquipiers.

Eindelijk kreeg hij een idee: hij moest eens kijken hoe het met zijn teamgenoten ging.

Il est retourné dans leur région et a été surpris de les trouver partis.

Hij keerde terug naar hun gebied en zag tot zijn verbazing dat ze verdwenen waren.

Il chercha à nouveau dans le camp, mais ne parvint toujours pas à les trouver.

Hij doorzocht het kamp opnieuw, maar kon hen nog steeds niet vinden.

Il savait qu'ils ne pouvaient pas être dans la tente, sinon il le serait aussi.

Hij wist dat ze niet in de tent konden zijn, want anders zou hij er ook zijn.

Alors, où étaient passés tous les chiens dans ce camp gelé ?

Waar waren al die honden in dit bevroren kamp gebleven?

Buck, froid et misérable, tournait lentement autour de la tente.

Buck, koud en ellendig, liep langzaam een rondje om de tent.

Soudain, ses pattes avant s'enfoncèrent dans la neige molle et le surprit.

Opeens zakten zijn voorpoten in de zachte sneeuw en hij schrok.

Quelque chose se tortilla sous ses pieds et il sursauta en arrière, effrayé.

Er bewoog iets onder zijn voeten en hij deinsde angstig achteruit.

Il grogna et grogna, ne sachant pas ce qui se cachait sous la neige.

Hij gromde en snauwde, zonder te weten wat er onder de sneeuw lag.

Puis il entendit un petit abolement amical qui apaisa sa peur.

Toen hoorde hij een vriendelijk geblaf, dat zijn angst verminderde.

Il renifla l'air et s'approcha pour voir ce qui était caché.

Hij besnuffelde de lucht en kwam dichterbij om te zien wat er verborgen was.

Sous la neige, recroquevillée en boule chaude, se trouvait la petite Billee.

Onder de sneeuw, opgerold als een warm balletje, lag de kleine Billee.

Billee remua la queue et lécha le visage de Buck pour le saluer.

Billee kwispelde met zijn staart en likte Bucks gezicht om hem te begroeten.

Buck a vu comment Billee avait fabriqué un endroit pour dormir dans la neige.

Buck zag hoe Billee een slaapplaats in de sneeuw had gemaakt.

Il avait creusé et utilisé sa propre chaleur pour rester au chaud.

Hij had gegraven en zijn eigen warmte gebruikt om warm te blijven.

Buck avait appris une autre leçon : c'est ainsi que les chiens dormaient.

Buck had nog een les geleerd: dit was hoe honden sliepen.

Il a choisi un endroit et a commencé à creuser son propre trou dans la neige.

Hij koos een plek uit en begon een gat in de sneeuw te graven.

Au début, il bougeait trop et gaspillait de l'énergie.

In het begin bewoog hij te veel en verspilde hij energie.

Mais bientôt son corps réchauffa l'espace et il se sentit en sécurité.

Maar al snel verwarmde zijn lichaam de ruimte en voelde hij zich veilig.

Il se recroquevilla étroitement et, peu de temps après, il s'endormit profondément.

Hij rolde zich op en viel al snel in een diepe slaap.

La journée avait été longue et dure, et Buck était épuisé.

Het was een lange en zware dag geweest en Buck was uitgeput.

Il dormait profondément et confortablement, même si ses rêves étaient fous.

Hij sliep diep en comfortabel, hoewel zijn dromen wild waren.

Il grognait et aboyait dans son sommeil, se tordant pendant qu'il rêvait.

Hij gromde en blafte in zijn slaap en draaide zich om terwijl hij droomde.

Buck ne s'est réveillé que lorsque le camp était déjà en train de prendre vie.

Buck werd pas wakker toen het kamp al tot leven kwam.

Au début, il ne savait pas où il était ni ce qui s'était passé.

In eerste instantie wist hij niet waar hij was of wat er gebeurd
was.

**La neige était tombée pendant la nuit et avait complètement
enseveli son corps.**

In de nacht was er sneeuw gevallen en zijn lichaam was
volledig bedekt.

La neige se pressait autour de lui, serrée de tous côtés.

De sneeuw drukte zich om hem heen, aan alle kanten dicht.

Soudain, une vague de peur traversa tout le corps de Buck.

Opeens voelde Buck een golf van angst door zijn hele lichaam
gaan.

**C'était la peur d'être piégé, une peur venue d'instincts
profonds.**

Het was de angst om vast te zitten, een angst die voortkwam
uit diepe instincten.

Bien qu'il n'ait jamais vu de piège, la peur vivait en lui.

Ook al had hij nog nooit een val gezien, de angst leefde in
hem.

**C'était un chien apprivoisé, mais maintenant ses vieux
instincts sauvages se réveillaient.**

Hij was een tamme hond, maar nu kwamen zijn oude wilde
instincten weer naar boven.

**Les muscles de Buck se tendirent et sa fourrure se dressa sur
tout son dos.**

Bucks spieren spanden zich aan en zijn vacht stond overeind.

Il grogna férocement et bondit droit dans la neige.

Hij gromde hevig en sprong recht omhoog door de sneeuw.

**La neige volait dans toutes les directions alors qu'il faisait
irruption dans la lumière du jour.**

Terwijl hij het daglicht binnenstormde, vloog de sneeuw alle
kanten op.

Avant même d'atterrir, Buck vit le camp s'étendre devant lui.

Nog voor de landing zag Buck het kamp voor zich liggen.

**Il se souvenait de tout ce qui s'était passé la veille, d'un seul
coup.**

In één keer herinnerde hij zich alles van de vorige dag.

Il se souvenait d'avoir flâné avec Manuel et d'avoir fini à cet endroit.

Hij herinnerde zich dat hij met Manuel had rondgewandeld en dat hij op deze plek was beland.

Il se souvenait avoir creusé le trou et s'être endormi dans le froid.

Hij herinnert zich dat hij het gat had gegraven en in de kou in slaap was gevallen.

Maintenant, il était réveillé et le monde sauvage qui l'entourait était clair.

Hij was nu wakker en zag de wilde wereld om hem heen helder.

Un cri de François salua l'apparition soudaine de Buck.

François juichte toen Buck plotseling verscheen.

« Qu'est-ce que j'ai dit ? » cria le conducteur du chien à Perrault.

"Wat heb ik gezegd?" riep de hondenmenner luid naar Perrault.

« Ce Buck apprend vraiment très vite », a ajouté François.

"Die Buck leert echt supersnel", voegde François toe.

Perrault hocha gravement la tête, visiblement satisfait du résultat.

Perrault knikte ernstig. Hij was duidelijk tevreden met het resultaat.

En tant que courrier pour le gouvernement canadien, il transportait des dépêches.

Als koerier voor de Canadese regering bezorgde hij berichten.

Il était impatient de trouver les meilleurs chiens pour son importante mission.

Hij wilde dolgraag de beste honden vinden voor zijn belangrijke missie.

Il se sentait particulièrement heureux maintenant que Buck faisait partie de l'équipe.

Hij was vooral blij dat Buck nu deel uitmaakte van het team.

Trois autres huskies ont été ajoutés à l'équipe en une heure.

Binnen een uur werden er nog drie husky's aan het team toegevoegd.

Cela porte le nombre total de chiens dans l'équipe à neuf.

Daarmee kwam het totaal aantal honden in het team op negen.

En quinze minutes, tous les chiens étaient dans leurs harnais.

Binnen vijftien minuten zaten alle honden in hun harnassen.

L'équipe de traîneaux remontait le sentier en direction du canyon de Dyea.

Het sleeteam slingerde het pad op richting Dyea Cañon.

Buck était heureux de partir, même si le travail à venir était difficile.

Buck was blij dat hij kon vertrekken, ook al was het werk dat hij moest doen zwaar.

Il s'est rendu compte qu'il ne détestait pas particulièrement le travail ou le froid.

Hij merkte dat hij het werk en de kou niet bepaald verafschuwde.

Il a été surpris par l'empressement qui a rempli toute l'équipe.

Hij was verrast door de enthousiasme van het hele team.

Encore plus surprenant fut le changement qui s'était produit chez Dave et Solleks.

Nog verrassender was de verandering die Dave en Solleks ondergingen.

Ces deux chiens étaient complètement différents lorsqu'ils étaient attelés.

Deze twee honden waren totaal verschillend toen ze in een tuig zaten.

Leur passivité et leur manque d'intérêt avaient complètement disparu.

Hun passiviteit en onverschilligheid waren volledig verdwenen.

Ils étaient alertes et actifs, et désireux de bien faire leur travail.

Ze waren alert en actief en wilden hun werk graag goed doen.

Ils s'irritaient violemment à tout ce qui pouvait provoquer un retard ou une confusion.

Ze raakten hevig geïrriteerd bij alles wat vertraging of verwarring veroorzaakte.

Le travail acharné sur les rênes était le centre de tout leur être.

Het harde werk aan de teugels was het middelpunt van hun hele bestaan.

Tirer un traîneau semblait être la seule chose qu'ils appréciaient vraiment.

Het leek erop dat sleeën het enige was waar ze echt plezier in hadden.

Dave était à l'arrière du groupe, le plus proche du traîneau lui-même.

Dave liep achterin de groep, het dichtst bij de slee.

Buck a été placé devant Dave, et Solleks a dépassé Buck.

Buck werd voor Dave geplaatst en Solleks werd voor Buck geplaatst.

Le reste des chiens était aligné devant eux en file indienne.

De overige honden stonden in een lange rij voorop.

La position de tête à l'avant était occupée par Spitz.

De leidende positie aan het front werd ingevuld door Spitz.

Buck avait été placé entre Dave et Solleks pour l'instruction.

Buck was tussen Dave en Solleks geplaatst om instructies te krijgen.

Il apprenait vite et ils étaient des professeurs fermes et compétents.

Hij leerde snel en de andere leraren waren streng en bekwaam.

Ils n'ont jamais permis à Buck de rester longtemps dans l'erreur.

Ze hebben Buck nooit lang in een fout laten blijven.

Ils ont enseigné leurs leçons avec des dents acérées quand c'était nécessaire.

Ze gaven hun lessen met scherpe tanden als dat nodig was.

Dave était juste et faisait preuve d'une sagesse calme et sérieuse.

Dave was eerlijk en toonde een rustige, serieuze soort wijsheid.

Il n'a jamais mordu Buck sans une bonne raison de le faire.

Hij beet Buck nooit zonder goede reden.

Mais il n'a jamais manqué de mordre lorsque Buck avait besoin d'être corrigé.

Maar hij bleef niet in gebreke met bijten als Buck gecorrigeerd moest worden.

Le fouet de François était toujours prêt et soutenait leur autorité.

De whip van François stond altijd klaar en ondersteunde hun gezag.

Buck a vite compris qu'il valait mieux obéir que riposter.

Buck kwam er al snel achter dat het beter was om te gehoorzamen dan terug te vechten.

Un jour, lors d'un court repos, Buck s'est emmêlé dans les rênes.

Een keer, tijdens een korte rustperiode, raakte Buck verstrikt in de teugels.

Il a retardé le départ et a perturbé le mouvement de l'équipe.

Hij vertraagde de start en bracht de bewegingen van het team in de war.

Dave et Solleks se sont jetés sur lui et lui ont donné une raclée.

Dave en Solleks vlogen op hem af en gaven hem een flink pak slaag.

L'enchevêtrement n'a fait qu'empirer, mais Buck a bien appris sa leçon.

De situatie werd alleen maar erger, maar Buck leerde zijn lesje.

Dès lors, il garda les rênes tendues et travailla avec soin.

Vanaf dat moment hield hij de teugels strak en ging hij nauwkeurig te werk.

Avant la fin de la journée, Buck avait maîtrisé une grande partie de sa tâche.

Voor het einde van de dag had Buck het grootste deel van zijn taak onder de knie.

Ses coéquipiers ont presque arrêté de le corriger ou de le mordre.

Zijn teamgenoten stopten bijna met hem te corrigeren of te bijten.

Le fouet de François claquait de moins en moins souvent dans l'air.

De zweep van François knalde steeds minder vaak door de lucht.

Perrault a même soulevé les pieds de Buck et a soigneusement examiné chaque patte.

Perrault tilde zelfs Bucks voeten op en onderzocht zorgvuldig elke poot.

Cela avait été une journée de course difficile, longue et épuisante pour eux tous.

Het was een zware dag hardlopen geweest, lang en uitputtend voor hen allemaal.

Ils remontèrent le Cañon, traversèrent Sheep Camp et passèrent devant les Scales.

Ze reisden door de Cañon, door Sheep Camp en langs de Scales.

Ils ont traversé la limite des forêts, puis des glaciers et des congères de plusieurs mètres de profondeur.

Ze passeerden de boomgrens en vervolgens gletsjers en metersdikke sneeuwduinen.

Ils ont escaladé la grande et froide chaîne de montagnes Chilkoot Divide.

Ze beklommen de grote, koude en onherbergzame Chilkoot Divide.

Cette haute crête se dressait entre l'eau salée et l'intérieur gelé.

Die hoge bergrug lag tussen het zoute water en het bevroren binnenland.

Les montagnes protégeaient le Nord triste et solitaire avec de la glace et des montées abruptes.

De bergen bewaakten het trieste en eenzame Noorden met ijs en steile hellingen.

Ils ont parcouru à bon rythme une longue chaîne de lacs en aval de la ligne de partage des eaux.

Ze maakten goede vorderingen in een lange keten van meren beneden de waterscheiding.

Ces lacs remplissaient les anciens cratères de volcans éteints.

Deze meren vulden de oude kraters van uitgedoofde vulkanen.

Tard dans la nuit, ils atteignirent un grand camp au bord du lac Bennett.

Laat die nacht bereikten ze een groot kamp bij Lake Bennett.

Des milliers de chercheurs d'or étaient là, construisant des bateaux pour le printemps.

Duizenden goudzoekers waren daar bezig boten te bouwen voor de lente.

La glace allait bientôt se briser et ils devaient être prêts.

Het ijs zou binnenkort breken, dus ze moesten voorbereid zijn.

Buck creusa son trou dans la neige et tomba dans un profond sommeil.

Buck groef een gat in de sneeuw en viel in een diepe slaap.

Il dormait comme un ouvrier, épuisé par une dure journée de travail.

Hij sliep als een arbeider, uitgeput van een dag hard werken.

Mais trop tôt dans l'obscurité, il fut tiré de son sommeil.

Maar al te vroeg in de duisternis werd hij uit zijn slaap gerukt.

Il fut à nouveau attelé avec ses compagnons et attaché au traîneau.

Hij werd weer met zijn maten ingespannen en aan de slee vastgemaakt.

Ce jour-là, ils ont parcouru quarante milles, car la neige était bien battue.

Die dag legden ze ruim 65 kilometer af, omdat er veel sneeuw lag.

Le lendemain, et pendant plusieurs jours après, la neige était molle.

De volgende dag, en nog vele dagen daarna, was de sneeuw zacht.

Ils ont dû faire le chemin eux-mêmes, en travaillant plus dur et en avançant plus lentement.

Ze moesten het pad zelf aanleggen. Hiervoor moesten ze harder werken en langzamer bewegen.

Habituellement, Perrault marchait devant l'équipe avec des raquettes palmées.

Normaal gesproken liep Perrault met zwemvliezen op sneeuwschoenen voorop.

Ses pas ont compacté la neige, facilitant ainsi le déplacement du traîneau.

Door zijn stappen drukte hij de sneeuw aan, waardoor de slee makkelijker voortbewoog.

François, qui dirigeait depuis le mât, prenait parfois le relais.

François, die vanaf de stuurknuppel aan het roer stond, nam soms de controle over.

Mais il était rare que François prenne les devants

Maar het was zeldzaam dat François de leiding nam

parce que Perrault était pressé de livrer les lettres et les colis.

omdat Perrault haast had om de brieven en pakketten te bezorgen.

Perrault était fier de sa connaissance de la neige, et surtout de la glace.

Perrault was trots op zijn kennis van sneeuw en vooral van ijs.

Cette connaissance était essentielle, car la glace d'automne était dangereusement mince.

Die kennis was essentieel, omdat het herfstijs gevaarlijk dun was.

Là où l'eau coulait rapidement sous la surface, il n'y avait pas du tout de glace.

Waar het water snel onder het oppervlak stroomde, was er helemaal geen ijs.

Jour après jour, la même routine se répétait sans fin.

Dag in, dag uit, dezelfde routine, eindeloos herhaald.

Buck travaillait sans relâche sur les rênes, de l'aube jusqu'à la nuit.

Buck zwoegde eindeloos aan de teugels, van 's ochtends vroeg tot 's avonds laat.

Ils quittèrent le camp dans l'obscurité, bien avant le lever du soleil.

Ze verlieten het kamp in het donker, lang voordat de zon opkwam.

Au moment où le jour se leva, ils avaient déjà parcouru de nombreux kilomètres.

Toen het daglicht aanbrak, hadden ze al vele kilometers afgelegd.

Ils ont installé leur campement après la tombée de la nuit, mangeant du poisson et creusant dans la neige.

Ze zetten hun kamp op nadat het donker was geworden. Ze aten vis en groeven zich in de sneeuw.

Buck avait toujours faim et n'était jamais vraiment satisfait de sa ration.

Buck had altijd honger en was nooit echt tevreden met zijn rantsoen.

Il recevait une livre et demie de saumon séché chaque jour.

Hij kreeg elke dag 650 gram gedroogde zalm.

Mais la nourriture semblait disparaître en lui, laissant la faim derrière elle.

Maar het eten leek in hem te verdwijnen, en de honger bleef achter.

Il souffrait constamment de la faim et rêvait de plus de nourriture.

Hij had voortdurend honger en droomde van meer eten.

Les autres chiens n'ont pris qu'une livre, mais ils sont restés forts.

De andere honden kregen maar een pond eten, maar ze bleven sterk.

Ils étaient plus petits et étaient nés dans le mode de vie du Nord.

Ze waren kleiner en geboren in het noordelijke leven.

Il perdit rapidement la méticulosité qui avait marqué son ancienne vie.

Hij verloor al snel de nauwgezetheid die zijn oude leven kenmerkte.

Il avait été un mangeur délicat, mais maintenant ce n'était plus possible.

Vroeger was hij een kieskeurige eter, maar dat was nu niet meer mogelijk.

Ses camarades ont terminé premiers et lui ont volé sa ration inachevée.

Zijn kameraden waren als eerste klaar en beroofden hem van zijn restjes proviand.

Une fois qu'ils ont commencé, il n'y avait aucun moyen de défendre sa nourriture contre eux.

Toen ze eenmaal begonnen, kon hij zijn eten niet meer tegen hen verdedigen.

Pendant qu'il combattait deux ou trois chiens, les autres volaient le reste.

Terwijl hij met twee of drie honden vocht, stalen de anderen de rest.

Pour résoudre ce problème, il a commencé à manger aussi vite que les autres.

Om dit te verhelpen, begon hij net zo snel te eten als de anderen.

La faim le poussait tellement qu'il prenait même de la nourriture qui n'était pas la sienne.

De honger dreef hem zo erg dat hij zelfs voedsel nam dat niet van hem was.

Il observait les autres et apprenait rapidement de leurs actions.

Hij observeerde de anderen en leerde snel van hun daden.

Il a vu Pike, un nouveau chien, voler une tranche de bacon à Perrault.

Hij zag hoe Pike, een nieuwe hond, een plak spek van Perrault stal.

Pike avait attendu que Perrault ait le dos tourné pour voler le bacon.

Pike had gewacht tot Perrault zijn rug had toegekeerd om het spek te stelen.

Le lendemain, Buck a copié Pike et a volé tout le morceau.

De volgende dag kopieerde Buck het voorbeeld van Pike en stal het hele stuk.

Un grand tumulte s'ensuivit, mais Buck ne fut pas suspecté.

Er ontstond een groot tumult, maar Buck werd niet verdacht.

Dub, un chien maladroit qui se faisait toujours prendre, a été puni à la place.

In plaats daarvan werd Dub, een onhandige hond die altijd werd betrapt, gestraft.

Ce premier vol a fait de Buck un chien apte à survivre dans le Nord.

Die eerste diefstal maakte van Buck een hond die in het Noorden kon overleven.

Il a montré qu'il pouvait s'adapter à de nouvelles conditions et apprendre rapidement.

Hij liet zien dat hij zich aan nieuwe omstandigheden kon aanpassen en snel kon leren.

Sans une telle adaptabilité, il serait mort rapidement et gravement.

Zonder dit aanpassingsvermogen zou hij snel en ernstig zijn gestorven.

Cela a également marqué l'effondrement de sa nature morale et de ses valeurs passées.

Het betekende ook de teloorgang van zijn morele aard en zijn vroegere waarden.

Dans le Southland, il avait vécu sous la loi de l'amour et de la bonté.

In het Zuiden leefde hij volgens de wet van liefde en vriendelijkheid.

Là, il était logique de respecter la propriété et les sentiments des autres chiens.

Daar was het zinvol om respect te hebben voor eigendommen en de gevoelens van andere honden.

Mais le Northland suivait la loi du gourdin et la loi du croc.

Maar in het Noorden golden de wetten van de knots en de wetten van de slagtanden.

Quiconque respectait les anciennes valeurs ici était stupide et échouerait.

Wie hier de oude waarden zou respecteren, was dwaas en zou falen.

Buck n'a pas réfléchi à tout cela dans son esprit.

Buck had dit allemaal niet in zijn hoofd bedacht.

Il était en forme et s'est donc adapté sans avoir besoin de réfléchir.

Hij was fit en paste zich aan zonder erbij na te denken.

De toute sa vie, il n'avait jamais fui un combat.

Hij was zijn hele leven nog nooit voor een gevecht weggelopen.

Mais la massue en bois de l'homme au pull rouge a changé cette règle.

Maar de houten knuppel van de man in de rode trui veranderde die regel.

Il suivait désormais un code plus profond et plus ancien, inscrit dans son être.

Nu volgde hij een diepere, oudere code die in zijn wezen geschreven was.

Il ne volait pas par plaisir, mais par faim.

Hij stal niet uit genot, maar uit pijn, veroorzaakt door honger.

Il n'a jamais volé ouvertement, mais il a volé avec ruse et prudence.

Hij roofde nooit openlijk, maar stal met list en zorg.

Il a agi par respect pour la massue en bois et par peur du croc.

Hij handelde uit respect voor de houten knuppel en uit angst voor de slagtand.

En bref, il a fait ce qui était plus facile et plus sûr que de ne pas le faire.

Kortom, hij deed wat gemakkelijker en veiliger was dan het niet doen.

Son développement – ou peut-être son retour à ses anciens instincts – fut rapide.

Zijn ontwikkeling, of misschien zijn terugkeer naar oude instincten, verliep snel.

Ses muscles se durcirent jusqu'à devenir aussi forts que du fer.

Zijn spieren werden harder, totdat ze zo sterk aanvoelden als ijzer.

Il ne se souciait plus de la douleur, à moins qu'elle ne soit grave.

Pijn kon hem niet meer schelen, tenzij het ernstig was.

Il est devenu efficace à l'intérieur comme à l'extérieur, ne gaspillant rien du tout.

Hij werd zowel van binnen als van buiten efficiënt en verspilde helemaal niets.

Il pouvait manger des choses viles, pourries ou difficiles à digérer.

Hij kon dingen eten die vies, rot of moeilijk te verteren waren.

Quoi qu'il mange, son estomac utilisait jusqu'au dernier morceau de valeur.

Wat hij ook at, zijn maag gebruikte het laatste restje waardevolle voedsel.

Son sang transportait les nutriments loin dans son corps puissant.

Zijn bloed transporteerde de voedingsstoffen door zijn krachtige lichaam.

Cela a créé des tissus solides qui lui ont donné une endurance incroyable.

Hierdoor ontwikkelde hij sterke weefsels die hem een ongelooflijk uithoudingsvermogen gaven.

Sa vue et son odorat sont devenus beaucoup plus sensibles qu'avant.

Zijn zicht en reukvermogen werden veel gevoeliger dan voorheen.

Son ouïe est devenue si fine qu'il pouvait détecter des sons faibles pendant son sommeil.

Zijn gehoor werd zo scherp dat hij in zijn slaap zelfs zwakke geluiden kon waarnemen.

Il savait dans ses rêves si les sons signifiaient sécurité ou danger.

In zijn dromen wist hij of de geluiden veiligheid of gevaar betekenden.

Il a appris à mordre la glace entre ses orteils avec ses dents.

Hij leerde met zijn tanden het ijs tussen zijn tenen te bijten.

Si un point d'eau gelait, il brisait la glace avec ses jambes.

Als een waterpoel dichtvroor, brak hij het ijs met zijn benen.

Il se cabra et frappa violemment la glace avec ses membres antérieurs raides.

Hij steigerde en sloeg met zijn stijve voorste ledematen hard op het ijs.

Sa capacité la plus frappante était de prédire les changements de vent pendant la nuit.

Zijn meest opvallende talent was het voorspellen van veranderingen in de wind gedurende de nacht.

Même lorsque l'air était calme, il choisissait des endroits abrités du vent.

Zelfs als het windstil was, zocht hij een plek uit waar hij beschut tegen de wind lag.

Partout où il creusait son nid, le vent du lendemain le passait à côté de lui.

Waar hij ook zijn nest groef, de volgende dag waaide de wind aan hem voorbij.

Il finissait toujours par se blottir et se protéger, sous le vent.

Hij kwam altijd beschut en knus terecht, uit de wind.

Buck n'a pas seulement appris par l'expérience : son instinct est également revenu.

Buck leerde niet alleen door ervaring, ook zijn instincten kwamen terug.

Les habitudes des générations domestiquées ont commencé à disparaître.

De gewoonten van de gedomesticeerde generaties begonnen te verdwijnen.

De manière vague, il se souvenait des temps anciens de sa race.

Op een vage manier herinnerde hij zich de oude tijden van zijn ras.

Il repensa à l'époque où les chiens sauvages couraient en meute dans les forêts.

Hij dacht terug aan de tijd dat wilde honden in roedels door de bossen renden.

Ils avaient poursuivi et tué leur proie en la poursuivant.
Ze hadden hun prooi achtervolgd en gedood terwijl ze erop
jaagden.
**Il était facile pour Buck d'apprendre à se battre avec force et
rapidité.**
Voor Buck was het gemakkelijk om te leren vechten met hand
en tand.
**Il utilisait des coupures, des entailles et des coups rapides,
tout comme ses ancêtres.**
Hij maakte net als zijn voorouders gebruik van snij- en snitten
en snelle knipbewegingen.
**Ces ancêtres se sont réveillés en lui et ont réveillé sa nature
sauvage.**
Deze voorouders kwamen in hem tot leven en wekten zijn
wilde natuur.
**Leurs anciennes compétences lui avaient été transmises par
le sang.**
Hun oude vaardigheden waren via de bloedlijn aan hem
doorgegeven.
**Leurs tours étaient désormais à lui, sans besoin de pratique
ni d'effort.**
Hij kon nu zijn trucs uitvoeren, zonder dat hij er enige
oefening of moeite voor hoefde te doen.

Lors des nuits calmes et froides, Buck levait le nez et hurlait.
Op windstille, koude nachten hief Buck zijn neus op en huilde.
**Il hurla longuement et profondément, comme le faisaient les
loups autrefois.**
Hij huilde lang en diep, zoals wolven dat lang geleden deden.
**À travers lui, ses ancêtres morts pointaient leur nez et
hurlaient.**
Via hem spitsten zijn overleden voorouders hun neuzen en
huilden.
Ils ont hurlé à travers les siècles avec sa voix et sa forme.
Ze huilden door de eeuwen heen met zijn stem en gedaante.
**Ses cadences étaient les leurs, de vieux cris qui parlaient de
chagrin et de froid.**

Zijn cadans was de hunne, oude kreten die verdriet en kou uitdrukten.

Ils chantaient l'obscurité, la faim et le sens de l'hiver.

Ze zongen over duisternis, over honger en de betekenis van de winter.

Buck a prouvé que la vie est façonnée par des forces qui nous dépassent.

Buck bewees hoe het leven wordt gevormd door krachten buiten jezelf,

L'ancienne chanson s'éleva à travers Buck et s'empara de son âme.

het oude lied klonk door Buck heen en nam bezit van zijn ziel.

Il s'est retrouvé parce que les hommes avaient trouvé de l'or dans le Nord.

Hij vond zichzelf terug omdat men in het Noorden goud had gevonden.

Et il s'est retrouvé parce que Manuel, l'aide du jardinier, avait besoin d'argent.

En hij vond zichzelf terug, want Manuel, het hulpje van de tuinman, had geld nodig.

La Bête Primordiale Dominante
Het dominante oerbeest

La bête primordiale dominante était aussi forte que jamais en Buck.

Het dominante oerbeest was in Buck nog steeds even sterk.

Mais la bête primordiale dominante sommeillait en lui.

Maar het dominante oerbeest sluimerde in hem.

La vie sur le sentier était dure, mais elle renforçait la bête qui sommeillait en Buck.

Het leven op de trail was hard, maar het sterkte Buck in zijn kracht.

Secrètement, la bête devenait de plus en plus forte chaque jour.

In het geheim werd het beest elke dag sterker en sterker.

Mais cette croissance intérieure est restée cachée au monde extérieur.

Maar die innerlijke groei bleef voor de buitenwereld verborgen.

Une force primordiale, calme et tranquille, se construisait à l'intérieur de Buck.

Er ontstond een stille en kalme oerkracht in Buck.

Une nouvelle ruse a donné à Buck l'équilibre, le calme, le contrôle et l'équilibre.

Door zijn nieuwe sluwheid kreeg Buck evenwicht, kalmte en beheerstheid.

Buck s'est concentré sur son adaptation, sans jamais se sentir complètement détendu.

Buck concentreerde zich vooral op aanpassing en voelde zich nooit helemaal ontspannen.

Il évitait les conflits, ne déclenchait jamais de bagarres et ne cherchait jamais les ennuis.

Hij vermeed conflicten, begon nooit gevechten en zocht nooit problemen.

Une réflexion lente et constante façonnait chaque mouvement de Buck.

Een langzame, constante overweging bepaalde elke beweging van Buck.

Il évitait les choix irréfléchis et les décisions soudaines et imprudentes.

Hij vermeed overhaaste keuzes en plotselinge, roekeloze beslissingen.

Bien que Buck détestait profondément Spitz, il ne lui montrait aucune agressivité.

Hoewel Buck Spitz enorm haatte, toonde hij hem geen enkele agressie.

Buck n'a jamais provoqué Spitz et a gardé ses actions contenues.

Buck provoceerde Spitz nooit en hield zich ingetogen.

Spitz, de son côté, sentait le danger grandissant chez Buck.

Spitz voelde daarentegen het groeiende gevaar bij Buck.

Il considérait Buck comme une menace et un sérieux défi à son pouvoir.

Hij zag Buck als een bedreiging en een serieuze uitdaging voor zijn macht.

Il profitait de chaque occasion pour grogner et montrer ses dents acérées.

Hij greep elke kans aan om te grommen en zijn scherpe tanden te laten zien.

Il essayait de déclencher le combat mortel qui devait avoir lieu.

Hij probeerde het dodelijke gevecht dat zou volgen, te beginnen.

Au début du voyage, une bagarre a failli éclater entre eux.

Al vroeg tijdens de reis ontstond er bijna een gevecht tussen hen.

Mais un accident inattendu a empêché le combat d'avoir lieu.

Maar door een onverwacht ongeluk ging het gevecht niet door.

Ce soir-là, ils installèrent leur campement sur le lac Le Barge, extrêmement froid.

Die avond zetten ze hun kamp op bij het ijskoude meer van Le Barge.

La neige tombait fort et le vent soufflait comme un couteau.

Het sneeuwde pijpenstelen en de wind sneed als een mes.

La nuit était venue trop vite et l'obscurité les entourait.

De nacht was veel te snel gevallen en het werd donker om hen heen.

Ils n'auraient pas pu choisir un pire endroit pour se reposer.

Een slechtere plek om te rusten hadden ze zich nauwelijks kunnen wensen.

Les chiens cherchaient désespérément un endroit où se coucher.

De honden zochten wanhopig naar een plek om te liggen.

Un haut mur de roche s'élevait abruptement derrière le petit groupe.

Achter het kleine groepje verrees een hoge rotswand.

La tente avait été laissée à Dyea pour alléger la charge.

De tent was in Dyea achtergelaten om de last te verlichten.

Ils n'avaient pas d'autre choix que d'allumer le feu sur la glace elle-même.

Ze hadden geen andere keus dan het vuur op het ijs zelf te maken.

Ils étendent leurs robes de nuit directement sur le lac gelé.

Ze spreiden hun slaapkleedjes rechtstreeks op het bevroren meer uit.

Quelques bâtons de bois flotté leur ont donné un peu de feu.

Een paar stukken drijfhout gaven hen een beetje vuur.

Mais le feu s'est allumé sur la glace et a fondu à travers elle.

Maar het vuur ontstond op het ijs en ontdooide erdoorheen.

Finalement, ils mangeaient leur dîner dans l'obscurité.

Uiteindelijk aten ze in het donker hun avondeten.

Buck s'est recroquevillé près du rocher, à l'abri du vent froid.

Buck krulde zich op naast de rots, beschut tegen de koude wind.

L'endroit était si chaud et sûr que Buck détestait déménager.

Het was er zo warm en veilig dat Buck het vreselijk vond om weg te gaan.

Mais François avait réchauffé le poisson et distribuait les rations.

Maar François had de vis opgewarmd en was bezig met het uitdelen van rantsoenen.

Buck finit de manger rapidement et retourna dans son lit.

Buck at snel verder en ging terug naar bed.

Mais Spitz était maintenant allongé là où Buck avait fait son lit.

Maar Spitz lag nu waar Buck zijn bed had gemaakt.

Un grognement sourd avertit Buck que Spitz refusait de bouger.

Een zacht gegrom waarschuwde Buck dat Spitz weigerde te bewegen.

Jusqu'à présent, Buck avait évité ce combat avec Spitz.

Tot nu toe had Buck dit gevecht met Spitz vermeden.

Mais au plus profond de Buck, la bête s'est finalement libérée.

Maar diep van binnen, diep in Buck, brak het beest uiteindelijk los.

Le vol de son lieu de couchage était trop difficile à tolérer.

De diefstal van zijn slaapplaats was ondraaglijk.

Buck se lança sur Spitz, plein de colère et de rage.

Buck stortte zich op Spitz, vol woede en razernij.

Jusqu'à présent, Spitz pensait que Buck n'était qu'un gros chien.

Tot nu toe had Spitz gedacht dat Buck gewoon een grote hond was.

Il ne pensait pas que Buck avait survécu grâce à son esprit.

Hij geloofde niet dat Buck het alleen had overleefd dankzij zijn geest.

Il s'attendait à la peur et à la lâcheté, pas à la fureur et à la vengeance.

Hij verwachtte angst en lafheid, geen woede en wraak.

François regarda les deux chiens sortir du nid en ruine.

François keek toe hoe beide honden uit het verwoeste nest sprongen.

Il comprit immédiatement ce qui avait déclenché cette lutte sauvage.

Hij begreep meteen wat de aanleiding was geweest voor deze wilde strijd.

« Aa-ah ! » s'écria François en soutien au chien brun.

"Aa-ah!" riep François ter ondersteuning van de bruine hond.

« Frappez-le ! Par Dieu, punissez ce voleur sournois ! »

"Geef hem een pak slaag! Bij God, straf die sluwe dief!"

Spitz a montré une volonté égale et une impatience folle de se battre.

Spitz toonde evenveel bereidheid als een groot enthousiasme om te vechten.

Il cria de rage tout en tournant rapidement en rond, cherchant une ouverture.

Hij schreeuwde het uit van woede, terwijl hij snel rondjes draaide, op zoek naar een opening.

Buck a montré la même soif de combat et la même prudence.

Buck toonde dezelfde vechtlust en dezelfde voorzichtigheid.

Il a également encerclé son adversaire, essayant de prendre le dessus dans la bataille.

Ook hij omsingelde zijn tegenstander en probeerde zo de overhand te krijgen in de strijd.

Puis quelque chose d'inattendu s'est produit et a tout changé.

Toen gebeurde er iets onverwachts en veranderde alles.

Ce moment a retardé l'éventuelle lutte pour le leadership.

Dat moment zorgde ervoor dat de uiteindelijke strijd om het leiderschap werd uitgesteld.

De nombreux kilomètres de piste et de lutte attendaient encore avant la fin.

Er wachtten nog vele kilometers aan paden en strijd voordat het einde nabij was.

Perrault cria un juron tandis qu'une massue frappait un os.

Perrault schreeuwde een vloek terwijl een knuppel tegen een bot sloeg.

Un cri aigu de douleur suivit, puis le chaos explosa tout autour.

Er volgde een scherpe pijnkreet, waarna er overal chaos ontstond.

Des formes sombres se déplaçaient dans le camp ; des huskies sauvages, affamés et féroces.

In het kamp waren donkere gedaantes te zien; wilde husky's, uitgehongerd en woest.

Quatre ou cinq douzaines de huskies avaient reniflé le camp de loin.

Vier of vijf dozijn husky's hadden het kamp al van veraf besnuffeld.

Ils s'étaient glissés discrètement pendant que les deux chiens se battaient à proximité.

Ze waren stilletjes naar binnen geslopen, terwijl de twee honden in de buurt aan het vechten waren.

François et Perrault chargèrent en brandissant des massues sur les envahisseurs.

François en Perrault stormden naar de indringers en zwaaiden met hun knuppels.

Les huskies affamés ont montré les dents et ont riposté avec frénésie.

De uitgehongerde husky's lieten hun tanden zien en vochten woest terug.

L'odeur de la viande et du pain les avait chassés de toute peur.

De geur van vlees en brood had alle angst overwonnen.

Perrault battait un chien qui avait enfoui sa tête dans la boîte à nourriture.

Perrault sloeg een hond die zijn kop in de voedselbak had begraven.

Le coup a été violent et la boîte s'est retournée, la nourriture s'est répandue.

De klap kwam hard aan, de doos kantelde en het eten viel eruit.

En quelques secondes, une vingtaine de bêtes sauvages déchirèrent le pain et la viande.

Binnen enkele seconden werd het brood en het vlees door tientallen wilde dieren verscheurd.

Les gourdin masculins ont porté coup sur coup, mais aucun chien ne s'est détourné.

De knuppels van de mannen deelden de ene na de andere klap uit, maar geen enkele hond keerde zich om.

Ils hurlaient de douleur, mais se battaient jusqu'à ce qu'il ne reste plus de nourriture.

Ze huilden van de pijn, maar vochten tot er geen eten meer over was.

Pendant ce temps, les chiens de traîneau avaient sauté de leurs lits enneigés.

Ondertussen waren de sledehonden uit hun besneeuwde bedden gesprongen.

Ils ont été immédiatement attaqués par les huskies vicieux et affamés.

Ze werden onmiddellijk aangevallen door de gevaarlijke, hongerige husky's.

Buck n'avait jamais vu de créatures aussi sauvages et affamées auparavant.

Buck had nog nooit zulke wilde en uitgehongerde wezens gezien.

Leur peau pendait librement, cachant à peine leur squelette.

Hun huid hing los en bedekte nauwelijks hun skelet.

Il y avait un feu dans leurs yeux, de faim et de folie

Er was vuur in hun ogen, van honger en waanzin

Il n'y avait aucun moyen de les arrêter, aucune résistance à leur ruée sauvage.

Er was geen houden meer aan, geen weerstand te bieden aan hun woeste aanval.

Les chiens de traîneau furent repoussés, pressés contre la paroi de la falaise.

De sledehonden werden achteruit geduwd en tegen de rotswand gedrukt.

Trois huskies ont attaqué Buck en même temps, déchirant sa chair.

Drie husky's vielen Buck tegelijk aan en scheurden zijn vlees open.

Du sang coulait de sa tête et de ses épaules, là où il avait été coupé.

Bloed stroomde uit zijn hoofd en schouders, waar hij was gesneden.

Le bruit remplissait le camp : grognements, cris et cris de douleur.

Het lawaai vulde het kamp: gegrom, gejank en kreten van pijn.

Billee pleurait fort, comme d'habitude, prise dans la mêlée et la panique.

Billee huilde luid, zoals gewoonlijk, omdat ze midden in de strijd en in paniek raakte.

Dave et Solleks se tenaient côte à côte, saignant mais provocants.

Dave en Solleks stonden naast elkaar, bloedend maar uitdagend.

Joe s'est battu comme un démon, mordant tout ce qui s'approchait.

Joe vocht als een duivel en beet alles wat in de buurt kwam.

Il a écrasé la jambe d'un husky d'un claquement brutal de ses mâchoires.

Hij verbrijzelde de poot van een husky met één brute klap van zijn kaken.

Pike a sauté sur le husky blessé et lui a brisé le cou instantanément.

Pike sprong op de gewonde husky en brak onmiddellijk zijn nek.

Buck a attrapé un husky par la gorge et lui a déchiré la veine.

Buck greep een husky bij de keel en sneed de ader open.

Le sang gicla et le goût chaud poussa Buck dans une frénésie.

Het bloed spoot en de warme smaak zorgde ervoor dat Buck helemaal in extase raakte.

Il s'est jeté sur un autre agresseur sans hésitation.

Zonder aarzelen stortte hij zich op een andere aanvaller.

Au même moment, des dents acérées s'enfoncèrent dans la gorge de Buck.

Op hetzelfde moment drongen scherpe tanden Buck's keel binnen.

Spitz avait frappé de côté, attaquant sans avertissement.

Spitz had vanaf de zijkant toegeslagen, zonder waarschuwing.

Perrault et François avaient vaincu les chiens en volant la nourriture.

Perrault en François hadden de honden verslagen die het eten stalen.

Ils se sont alors précipités pour aider leurs chiens à repousser les attaquants.

Nu snelden ze toe om hun honden te helpen de aanvallers te verslaan.

Les chiens affamés se retirèrent tandis que les hommes brandissaient leurs gourdins.

De uitgehongerde honden trokken zich terug terwijl de mannen met hun knuppels zwaaiden.

Buck s'est libéré de l'attaque, mais l'évasion a été brève.

Buck ontsnapte aan de aanval, maar de ontsnapping was van korte duur.

Les hommes ont couru pour sauver leurs chiens, et les huskies ont de nouveau afflué.

De mannen renden om hun honden te redden, en de husky's zwermden opnieuw.

Billee, effrayé et courageux, sauta dans la meute de chiens.

Billee, door angst in het nauw gedreven, sprong in de roedel honden.

Mais il s'est alors enfui sur la glace, saisi de terreur et de panique.

Maar toen vluchtte hij over het ijs, in pure angst en paniek.

Pike et Dub suivaient de près, courant pour sauver leur vie.

Pike en Dub volgden hen op de voet, rennend voor hun leven.

Le reste de l'équipe s'est séparé et dispersé, les suivant.

De rest van het team verspreidde zich en ging hen achterna.

Buck rassembla ses forces pour courir, mais vit alors un éclair.

Buck verzamelde al zijn kracht om te rennen, maar toen zag hij een flits.

Spitz s'est jeté sur le côté de Buck, essayant de le faire tomber au sol.

Spitz sprong naar Buck toe en probeerde hem op de grond te slaan.

Sous cette foule de huskies, Buck n'aurait eu aucune échappatoire.

Buck had geen ontsnappingsmogelijkheid onder die horde husky's.

Mais Buck est resté ferme et s'est préparé au coup de Spitz.

Maar Buck bleef standvastig en bereidde zich voor op de klap van Spitz.

Puis il s'est retourné et a couru sur la glace avec l'équipe en fuite.

Toen draaide hij zich om en rende met het vluchtende team het ijs op.

Plus tard, les neuf chiens de traîneau se sont rassemblés à l'abri des bois.

Later verzamelden de negen sledehonden zich in de beschutting van het bos.

Personne ne les poursuivait plus, mais ils étaient battus et blessés.

Niemand achtervolgde hen meer, maar ze raakten mishandeld en gewond.

Chaque chien avait des blessures ; quatre ou cinq coupures profondes sur chaque corps.

Elke hond had wonden; vier of vijf diepe snijwonden op elk lichaam.

Dub avait une patte arrière blessée et avait du mal à marcher maintenant.

Dub had een geblesseerde achterpoot en had moeite met lopen.

Dolly, le nouveau chien de Dyea, avait la gorge tranchée.

Dolly, de nieuwste hond uit Dyea, had een doorgesneden keel.

Joe avait perdu un œil et l'oreille de Billee était coupée en morceaux

Joe had een oog verloren en Billee's oor was in stukken gesneden

Tous les chiens ont crié de douleur et de défaite toute la nuit.

Alle honden schreeuwden de hele nacht van de pijn en verslagenheid.

À l'aube, ils retournèrent au camp, endoloris et brisés.

Bij zonsopgang slopen ze terug naar het kamp, gehavend en gebroken.

Les huskies avaient disparu, mais le mal était fait.

De husky's waren verdwenen, maar de schade was al aangericht.

Perrault et François étaient de mauvaise humeur à cause de la ruine.

Perrault en François stonden in boze bui boven de ruïne.

La moitié de la nourriture avait disparu, volée par les voleurs affamés.

De helft van het eten was verdwenen, meegenomen door hongerige dieven.

Les huskies avaient déchiré les fixations et la toile du traîneau.

De husky's hadden de bindingen van de slee en het canvas gescheurd.

Tout ce qui avait une odeur de nourriture avait été complètement dévoré.

Alles wat ook maar enigszins naar eten rook, was volledig opgegeten.

Ils ont mangé une paire de bottes de voyage en peau d'élan de Perrault.

Ze aten een paar elandenleren reislaarzen van Perrault op.

Ils ont mâché des reis en cuir et ruiné des sangles au point de les rendre inutilisables.

Ze kauwden op leren riemen en maakten deze onbruikbaar.

François cessa de fixer le fouet déchiré pour vérifier les chiens.

François stopte met staren naar de gescheurde zweep om naar de honden te kijken.

« Ah, mes amis », dit-il d'une voix basse et pleine d'inquiétude.

"Ah, mijn vrienden," zei hij met een lage, bezorgde stem.

« Peut-être que toutes ces morsures vous transformeront en bêtes folles. »

"Misschien veranderen al die beten jullie wel in gekke beesten."

« Peut-être que ce sont tous des chiens enragés, sacredam ! Qu'en penses-tu, Perrault ? »

"Misschien allemaal dolle honden, sjiek! Wat denk jij, Perrault?"

Perrault secoua la tête, les yeux sombres d'inquiétude et de peur.

Perrault schudde zijn hoofd, zijn ogen waren donker van bezorgdheid en angst.

Il y avait encore quatre cents milles entre eux et Dawson.

Tussen hen en Dawson lagen nog vierhonderd mijl.

La folie canine pourrait désormais détruire toute chance de survie.

Hondengekte zou nu iedere kans op overleving kunnen vernietigen.

Ils ont passé deux heures à jurer et à essayer de réparer le matériel.

Ze hebben twee uur lang gevloekt en geprobeerd de apparatuur te repareren.

L'équipe blessée a finalement quitté le camp, brisée et vaincue.

Het gewonde team verliet uiteindelijk het kamp, gebroken en verslagen.

C'était le sentier le plus difficile jusqu'à présent, et chaque pas était douloureux.

Dit was het moeilijkste pad tot nu toe en elke stap was pijnlijk.

La rivière Thirty Mile n'était pas gelée et coulait à flots.

De Thirty Mile River was niet bevroren en stroomde wild.

Ce n'est que dans les endroits calmes et les tourbillons que la glace parvenait à tenir.

Alleen op rustige plekken en in draaiende wervelingen kon
het ijs standhouden.

**Six jours de dur labeur se sont écoulés jusqu'à ce que les
trente milles soient parcourus.**

Er volgden zes dagen van zware arbeid voordat de dertig mijl
waren afgelegd.

**Chaque kilomètre parcouru sur le sentier apportait du
danger et une menace de mort.**

Elke kilometer van het pad bracht gevaar en de dreiging van
de dood met zich mee.

**Les hommes et les chiens risquaient leur vie à chaque pas
douloureux.**

Met elke pijnlijke stap riskeerden de mannen en honden hun
leven.

**Perrault a franchi des ponts de glace minces à une douzaine
de reprises.**

Perrault brak een tiental keer door dunne ijsbruggen heen.

**Il portait une perche et la laissait tomber sur le trou que son
corps avait fait.**

Hij pakte een stok en liet deze in het gat vallen dat zijn eigen
lichaam had gemaakt.

Plus d'une fois, ce poteau a sauvé Perrault de la noyade.

Die paal heeft Perrault meer dan eens van de
verdrinkingsdood gered.

**La vague de froid persistait, l'air était à cinquante degrés en
dessous de zéro.**

Het was koud en de luchttemperatuur was vijftig graden
onder nul.

**Chaque fois qu'il tombait, Perrault devait allumer un feu
pour survivre.**

Iedere keer dat hij in het water viel, moest Perrault een vuur
aansteken om te overleven.

**Les vêtements mouillés gelaient rapidement, alors il les
séchait près d'une source de chaleur intense.**

Natte kleding bevroor snel, dus hij droogde ze in de
brandende hitte.

Aucune peur n'a jamais touché Perrault, et cela a fait de lui un courrier.

Perrault was nooit bang en dat maakte hem tot een koerier.

Il a été choisi pour le danger, et il l'a affronté avec une résolution tranquille.

Hij was uitgekozen voor het gevaar, en hij ging het tegemoet met stille vastberadenheid.

Il s'avança face au vent, son visage ratatiné et gelé.

Hij drong vooruit, de wind tegemoet, zijn gerimpelde gezicht bevroren.

De l'aube naissante à la tombée de la nuit, Perrault les mena en avant.

Vanaf het begin van de ochtend tot het begin van de avond leidde Perrault hen verder.

Il marchait sur une étroite bordure de glace qui se fissurait à chaque pas.

Hij liep over een smalle ijsrand, die bij iedere stap kraakte.

Ils n'osaient pas s'arrêter : chaque pause risquait de provoquer un effondrement mortel.

Ze durfden niet te stoppen. Elke pauze betekende het risico op een dodelijke ineenstorting.

Un jour, le traîneau s'est brisé, entraînant Dave et Buck à l'intérieur.

Op een gegeven moment brak de slee door en werden Dave en Buck meegesleurd.

Au moment où ils ont été libérés, tous deux étaient presque gelés.

Toen ze losgetrokken werden, waren ze allebei bijna bevroren.

Les hommes ont rapidement allumé un feu pour garder Buck et Dave en vie.

De mannen maakten snel een vuur om Buck en Dave in leven te houden.

Les chiens étaient recouverts de glace du nez à la queue, raides comme du bois sculpté.

De honden waren van neus tot staart bedekt met ijs, stijf als gesneden hout.

Les hommes les faisaient courir en rond près du feu pour décongeler leurs corps.

De mannen lieten de lichamen in cirkels rond het vuur lopen om ze te ontdooien.

Ils se sont approchés si près des flammes que leur fourrure a été brûlée.

Ze kwamen zo dicht bij de vlammen dat hun vacht verschroeid raakte.

Spitz a ensuite brisé la glace, entraînant l'équipe derrière lui.

Spitz brak vervolgens door het ijs en sleepte het team achter zich mee.

La cassure s'est étendue jusqu'à l'endroit où Buck tirait.

De breuk reikte helemaal tot aan het punt waar Buck aan het trekken was.

Buck se pencha en arrière, ses pattes glissant et tremblant sur le bord.

Buck leunde achterover, zijn poten gleden weg en trilden op de rand.

Dave a également tendu vers l'arrière, juste derrière Buck sur la ligne.

Dave boog ook naar achteren, vlak achter Buck op de lijn.

François tirait sur le traîneau, ses muscles craquant sous l'effort.

François trok de slee omhoog en zijn spieren kraakten van de inspanning.

Une autre fois, la glace du bord s'est fissurée devant et derrière le traîneau.

Een andere keer brak het ijs op de rand vóór en achter de slee.

Ils n'avaient d'autre issue que d'escalader une paroi rocheuse gelée.

Er was geen andere uitweg dan een bevroren rotswand te beklimmen.

Perrault a réussi à escalader le mur, mais un miracle l'a maintenu en vie.

Op de een of andere manier wist Perrault de muur te beklimmen; door een wonder bleef hij in leven.

François resta en bas, priant pour avoir le même genre de chance.

François bleef beneden en bad voor hetzelfde geluk.

Ils ont attaché chaque sangle, chaque amarrage et chaque traçage en une seule longue corde.

Ze maakten van alle riemen, sjorringen en sporen één lang touw.

Les hommes ont hissé chaque chien, un par un, jusqu'au sommet.

De mannen tilden de honden één voor één naar boven.

François est monté en dernier, après le traîneau et toute la charge.

François klom als laatste, na de slee en de hele lading.

Commença alors une longue recherche d'un chemin pour descendre des falaises.

Toen begon een lange zoektocht naar een pad dat vanaf de kliffen naar beneden leidde.

Ils sont finalement descendus en utilisant la même corde qu'ils avaient fabriquée.

Uiteindelijk daalden ze af met hetzelfde touw dat ze zelf hadden gemaakt.

La nuit tombait alors qu'ils retournaient au lit de la rivière, épuisés et endoloris.

Het werd donker toen ze uitgeput en pijnlijk terugliepen naar de rivierbedding.

La journée entière ne leur avait permis de gagner qu'un quart de mile.

Ze hadden een hele dag nodig gehad om slechts een kwart mijl af te leggen.

Au moment où ils atteignirent le Hootalinqua, Buck était épuisé.

Tegen de tijd dat ze Hootalinqua bereikten, was Buck uitgeput.

Les autres chiens ont tout autant souffert des conditions du sentier.

Ook de andere honden hadden last van de omstandigheden op het pad.

Mais Perrault avait besoin de récupérer du temps et les poussait chaque jour.

Maar Perrault moest tijd inhalen en zette hen elke dag weer op scherp.

Le premier jour, ils ont parcouru trente miles jusqu'à Big Salmon.

De eerste dag reisden ze vijftig kilometer naar Big Salmon.

Le lendemain, ils parcoururent trente-cinq milles jusqu'à Little Salmon.

De volgende dag reisden ze 56 kilometer naar Little Salmon.

Le troisième jour, ils ont parcouru quarante longs kilomètres gelés.

Op de derde dag trokken ze door veertig lang bevroren mijlen.

À ce moment-là, ils approchaient de la colonie de Five Fingers.

Tegen die tijd naderden ze de nederzetting Five Fingers.

Les pieds de Buck étaient plus doux que les pieds durs des huskies indigènes.

De voeten van Buck waren zachter dan de harde voeten van inheemse husky's.

Ses pattes étaient devenues plus fragiles au fil des générations civilisées.

Zijn poten waren in de loop van vele beschaafde generaties gevoelig geworden.

Il y a longtemps, ses ancêtres avaient été apprivoisés par des hommes de la rivière ou des chasseurs.

Lang geleden werden zijn voorouders getemd door rivierbewoners of jagers.

Chaque jour, Buck boitait de douleur, marchant sur des pattes à vif et douloureuses.

Buck liep elke dag mank van de pijn en liep op pijnlijke, schrale poten.

Au camp, Buck tomba comme une forme sans vie sur la neige.

In het kamp viel Buck als een levenloos lichaam neer in de sneeuw.

Bien qu'affamé, Buck ne s'est pas levé pour manger son repas du soir.

Hoewel Buck uitgehongerd was, stond hij niet op om zijn avondmaaltijd te eten.

François apporta sa ration à Buck, en déposant du poisson près de son museau.

François bracht Buck zijn rantsoen en legde de vis naast zijn snuit neer.

Chaque nuit, le chauffeur frottait les pieds de Buck pendant une demi-heure.

Elke avond masseerde de chauffeur Bucks voeten een half uur lang.

François a même découpé ses propres mocassins pour en faire des chaussures pour chiens.

François sneed zelfs zijn eigen mocassins in stukken om er hondenschoenen van te maken.

Quatre chaussures chaudes ont apporté à Buck un grand et bienvenu soulagement.

Vier warme schoenen waren een welkome verlichting voor Buck.

Un matin, François oublia ses chaussures et Buck refusa de se lever.

Op een ochtend vergat François zijn schoenen en Buck weigerde op te staan.

Buck était allongé sur le dos, les pieds en l'air, les agitant pitoyablement.

Buck lag op zijn rug, met zijn voeten in de lucht, en zwaaide er zielig mee.

Même Perrault sourit à la vue de l'appel dramatique de Buck.

Zelfs Perrault grijnsde bij het zien van Bucks dramatische pleidooi.

Bientôt, les pieds de Buck devinrent durs et les chaussures purent être jetées.

Al snel werden Bucks voeten hard en konden de schoenen worden weggegooid.

À Pelly, pendant le temps du harnais, Dolly laissait échapper un hurlement épouvantable.

Toen Pelly werd opgeschrikt door het inspannen van de tuigage, liet Dolly een vreselijk gehuil horen.

Le cri était long et rempli de folie, secouant chaque chien.

Het gehuil was lang en vol waanzin, en het deed alle honden schudden.

Chaque chien se hérissait de peur sans en connaître la raison.

Elke hond was bang, maar wist niet waarom.

Dolly était devenue folle et s'était jetée directement sur Buck.

Dolly was gek geworden en had zich recht op Buck gestort.

Buck n'avait jamais vu la folie, mais l'horreur remplissait son cœur.

Buck had nog nooit waanzin gezien, maar zijn hart werd vervuld van afschuw.

Sans réfléchir, il se retourna et s'enfuit, complètement paniqué.

Hij draaide zich om en vluchtte in totale paniek.

Dolly le poursuivit, les yeux fous, la salive s'échappant de ses mâchoires.

Dolly rende achter hem aan, haar ogen wild en het speeksel spatte uit haar kaken.

Elle est restée juste derrière Buck, sans jamais gagner ni reculer.

Ze bleef vlak achter Buck, zonder afstand te nemen of terug te vallen.

Buck courut à travers les bois, le long de l'île, sur de la glace déchiquetée.

Buck rende door het bos, over het eiland en over het grillige ijs.

Il traversa vers une île, puis une autre, revenant vers la rivière.

Hij stak over naar een eiland, toen naar een ander, en voer vervolgens weer terug naar de rivier.

Dolly le poursuivait toujours, son grognement le suivant de près à chaque pas.

Dolly bleef hem achtervolgen, met bij iedere stap haar gegrom op de voet gevolgd.

Buck pouvait entendre son souffle et sa rage, même s'il n'osait pas regarder en arrière.

Buck kon haar ademhaling en woede horen, maar hij durfde niet om te kijken.

François cria de loin, et Buck se tourna vers la voix.

François riep van verre en Buck draaide zich naar de stem toe.

Encore à bout de souffle, Buck courut, plaçant tout espoir en François.

Buck, die nog steeds naar adem snakte, rende voorbij en stelde al zijn hoop op François.

Le conducteur du chien leva une hache et attendit que Buck passe à toute vitesse.

De hondendrijver hief een bijl en wachtte terwijl Buck voorbij vloog.

La hache s'abattit rapidement et frappa la tête de Dolly avec une force mortelle.

De bijl kwam snel neer en raakte Dolly's hoofd met dodelijke kracht.

Buck s'est effondré près du traîneau, essoufflé et incapable de bouger.

Buck zakte bij de slee in elkaar, hijgend en niet in staat om te bewegen.

Ce moment a donné à Spitz l'occasion de frapper un ennemi épuisé.

Dat moment gaf Spitz de kans om een uitgeputte tegenstander aan te vallen.

Il a mordu Buck à deux reprises, déchirant la chair jusqu'à l'os blanc.

Hij beet Buck twee keer en scheurde zijn vlees tot op het witte bot open.

Le fouet de François claqua, frappant Spitz avec toute sa force et sa fureur.

De zweep van François knalde en raakte Spitz met volle kracht.

Buck regarda avec joie Spitz recevoir sa raclée la plus dure jusqu'à présent.

Buck keek met vreugde toe hoe Spitz zijn zwaarste pak slaag tot nu toe kreeg.

« C'est un diable, ce Spitz », murmura sombrement Perrault pour lui-même.

"Hij is een duivel, die Spitz," mompelde Perrault duister in zichzelf.

« Un jour prochain, ce maudit chien tuera Buck, je le jure. »

"Binnenkort zal die vervloekte hond Buck vermoorden, ik zweer het."

« Ce Buck a deux démons en lui », répondit François en hochant la tête.

"Die Buck heeft twee duivels in zich," antwoordde François knikkend.

« Quand je regarde Buck, je sais que quelque chose de féroce l'attend. »

"Als ik naar Buck kijk, weet ik dat er iets fels in hem schuilt."

« Un jour, il deviendra fou comme le feu et mettra Spitz en pièces. »

"Op een dag zal hij woedend worden en Spitz aan stukken scheuren."

« Il va mâcher ce chien et le recracher sur la neige gelée. »

"Hij zal die hond kapotbijten en hem op de bevroren sneeuw uitspugen."

« Bien sûr que non, je le sais au plus profond de moi. »

"Ik weet dit zeker, diep in mijn botten."

À partir de ce moment-là, les deux chiens étaient engagés dans une guerre.

Vanaf dat moment waren de twee honden met elkaar in oorlog.

Spitz a dirigé l'équipe et a conservé le pouvoir, mais Buck a contesté cela.

Spitz leidde het team en had de macht, maar Buck ondermijnde die positie.

Spitz a vu son rang menacé par cet étrange étranger du Sud.
Spitz zag zijn rang bedreigd door deze vreemde vreemdeling uit Zuidland.

Buck ne ressemblait à aucun autre chien du sud que Spitz avait connu auparavant.
Buck was anders dan alle zuidelijke honden die Spitz ooit gekend had.

La plupart d'entre eux ont échoué, trop faibles pour survivre au froid et à la faim.
De meesten van hen faalden. Ze waren te zwak om de kou en honger te overleven.

Ils sont morts rapidement à cause du travail, du gel et de la lenteur de la famine.
Ze stierven een snelle dood door de zware arbeid, de vorst en de langzame hongersnood.

Buck se démarquait : plus fort, plus intelligent et plus sauvage chaque jour.
Buck stond apart: elke dag sterker, slimmer en wilder.

Il a prospéré dans les difficultés, grandissant jusqu'à égaler les huskies du Nord.
Hij gedijde in moeilijke tijden en groeide op tot een hond die net zo groot werd als de noordelijke husky's.

Buck avait de la force, une habileté sauvage et un instinct patient et mortel.
Buck had kracht, enorme vaardigheden en een geduldig, dodelijk instinct.

L'homme avec la massue avait fait perdre à Buck toute témérité.
De man met de knuppel had Buck overmoedig gemaakt.

La fureur aveugle avait disparu, remplacée par une ruse silencieuse et un contrôle.
De blinde woede was verdwenen en vervangen door stille sluwheid en beheersing.

Il attendait, calme et primitif, guettant le bon moment.
Hij wachtte, kalm en oorspronkelijk, wachtend op het juiste moment.

Leur lutte pour le commandement est devenue inévitable et claire.

Hun strijd om de macht werd onvermijdelijk en duidelijk.

Buck désirait être un leader parce que son esprit l'exigeait.

Buck verlangde naar leiderschap omdat zijn geest dat van hem vroeg.

Il était poussé par l'étrange fierté née du sentier et du harnais.

Hij werd voortgedreven door de vreemde trots die voortkwam uit het spoor en het tuig.

Cette fierté a poussé les chiens à tirer jusqu'à ce qu'ils s'effondrent sur la neige.

Die trots zorgde ervoor dat honden door de sneeuw trokken tot ze erbij neervielen.

L'orgueil les a poussés à donner toute la force qu'ils avaient.

Hoogmoed verleidde hen om al hun kracht te geven.

L'orgueil peut attirer un chien de traîneau jusqu'à la mort.

Trots kan een sledehond zelfs tot de dood lokken.

La perte du harnais a laissé les chiens brisés et sans but.

Het verlies van het tuig zorgde ervoor dat de honden gebroken en doelloos achterbleven.

Le cœur d'un chien de traîneau peut être brisé par la honte lorsqu'il prend sa retraite.

Het hart van een sledehond kan gebroken worden door schaamte als hij met pensioen gaat.

Dave vivait avec cette fierté alors qu'il tirait le traîneau par derrière.

Dave leefde vanuit die trots terwijl hij de slee achter zich aan trok.

Solleks, lui aussi, a tout donné avec une force et une loyauté redoutables.

Ook Solleks gaf met grimmige kracht en loyaliteit alles wat hij had.

Chaque matin, l'orgueil les faisait passer de l'amertume à la détermination.

Elke ochtend veranderde trots hun humeur van bitter in vastberaden.

Ils ont poussé toute la journée, puis sont restés silencieux à la fin du camp.

Ze hebben de hele dag doorgezet en aan het einde van het kamp werd het stil.

Cette fierté a donné à Spitz la force de battre les tire-au-flanc.

Die trots gaf Spitz de kracht om degenen die zich niet aan de regels hielden, tot het uiterste te drijven.

Spitz craignait Buck parce que Buck portait cette même fierté profonde.

Spitz was bang voor Buck omdat Buck dezelfde diepe trots met zich meedroeg.

L'orgueil de Buck s'est alors retourné contre Spitz, et il ne s'est pas arrêté.

Bucks trots keerde zich tegen Spitz en hij gaf niet op.

Buck a défié le pouvoir de Spitz et l'a empêché de punir les chiens.

Buck trotseerde Spitz' macht en voorkwam dat hij honden strafte.

Lorsque les autres échouaient, Buck s'interposait entre eux et leur chef.

Toen anderen faalden, stond Buck tussen hen en hun leider.

Il l'a fait intentionnellement, en rendant son défi ouvert et clair.

Hij deed dit met opzet en maakte zijn uitdaging open en duidelijk.

Une nuit, une forte neige a recouvert le monde d'un profond silence.

Op een nacht viel er een dikke laag sneeuw, waardoor de wereld in diepe stilte werd bedekt.

Le lendemain matin, Pike, paresseux comme toujours, ne se leva pas pour aller travailler.

De volgende morgen stond Pike, lui als altijd, niet op om te gaan werken.

Il est resté caché dans son nid sous une épaisse couche de neige.

Hij bleef verborgen in zijn nest onder een dikke laag sneeuw.

François a appelé et cherché, mais n'a pas pu trouver le chien.

François riep en zocht, maar kon de hond niet vinden.

Spitz devint furieux et se précipita à travers le camp couvert de neige.

Spitz werd woedend en stormde door het met sneeuw bedekte kamp.

Il grogna et renifla, creusant frénétiquement avec des yeux flamboyants.

Hij gromde en snoof, terwijl hij als een gek groef en met vlammende ogen keek.

Sa rage était si féroce que Pike tremblait sous la neige de peur.

Zijn woede was zo hevig dat Pike van angst onder de sneeuw beefde.

Lorsque Pike fut finalement retrouvé, Spitz se précipita pour punir le chien qui se cachait.

Toen Pike eindelijk gevonden werd, sprong Spitz naar voren om de verstopte hond te straffen.

Mais Buck s'est précipité entre eux avec une fureur égale à celle de Spitz.

Maar Buck sprong tussen hen in, met een woede die even groot was als die van Spitz.

L'attaque fut si soudaine et intelligente que Spitz tomba.

De aanval was zo plotseling en slim dat Spitz van zijn voeten viel.

Pike, qui tremblait, puisa du courage dans ce défi.

Pike, die al een tijdje aan het trillen was, putte moed uit deze uitdaging.

Il sauta sur le Spitz tombé, suivant l'exemple audacieux de Buck.

Hij sprong op de gevallen Spitz en volgde het stoutmoedige voorbeeld van Buck.

Buck, n'étant plus tenu par l'équité, a rejoint la grève contre Spitz.

Buck, die zich niet langer aan de regels van eerlijkheid hield, sloot zich aan bij de staking op Spitz.

François, amusé mais ferme dans sa discipline, balançait son lourd fouet.

François, geamuseerd maar vastberaden in discipline, zwaaide met zijn zware zweep.

Il frappa Buck de toutes ses forces pour mettre fin au combat.

Hij sloeg Buck met al zijn kracht om het gevecht te beëindigen.

Buck a refusé de bouger et est resté au sommet du chef tombé.

Buck weigerde te bewegen en bleef bovenop de gevallen leider zitten.

François a ensuite utilisé le manche du fouet, frappant Buck durement.

Vervolgens sloeg François Buck hard met het handvat van de zweep.

Titubant sous le coup, Buck recula sous l'assaut.

Buck wankelde door de klap en deinsde terug onder de aanval.

François frappait encore et encore tandis que Spitz punissait Pike.

François sloeg keer op keer terwijl Spitz Pike strafte.

Les jours passèrent et Dawson City se rapprocha de plus en plus.

De dagen verstreken en Dawson City kwam steeds dichterbij.

Buck n'arrêtait pas d'intervenir, se glissant entre le Spitz et les autres chiens.

Buck bleef zich ermee bemoeien en glipte tussen Spitz en de andere honden.

Il choisissait bien ses moments, attendant toujours que François parte.

Hij koos zijn momenten goed en wachtte altijd tot François weg was.

La rébellion silencieuse de Buck s'est propagée et le désordre a pris racine dans l'équipe.

Bucks stille opstandigheid verspreidde zich en er ontstond wanorde in het team.

Dave et Solleks sont restés fidèles, mais d'autres sont devenus indisciplinés.

Dave en Solleks bleven hen trouw, maar anderen werden onhandelbaar.

L'équipe est devenue de plus en plus agitée, querelleuse et hors de propos.

Het team werd steeds slechter: onrustig, ruziezoekend en buitenspel staand.

Plus rien ne fonctionnait correctement et les bagarres devenaient courantes.

Niets verliep meer soepel en er ontstonden steeds vaker gevechten.

Buck est resté au cœur des troubles, provoquant toujours des troubles.

Buck bleef de oorzaak van de onrust en zorgde voortdurend voor onrust.

François restait vigilant, effrayé par le combat entre Buck et Spitz.

François bleef alert, bang voor het gevecht tussen Buck en Spitz.

Chaque nuit, des bagarres le réveillaient, craignant que le commencement n'arrive enfin.

Iedere nacht werd hij wakker van het gevecht, omdat hij vreesde dat het begin eindelijk daar was.

Il sauta de sa robe, prêt à mettre fin au combat.

Hij sprong uit zijn gewaad, klaar om een eind te maken aan het gevecht.

Mais le moment n'arriva jamais et ils atteignirent finalement Dawson.

Maar het moment kwam niet en uiteindelijk bereikten ze Dawson.

L'équipe est entrée dans la ville un après-midi sombre, tendu et calme.

Op een sombere middag arriveerde het team in de stad, gespannen en stil.

La grande bataille pour le leadership était encore en suspens dans l'air glacial.

De grote strijd om het leiderschap hing nog steeds in de bevroren lucht.

Dawson était rempli d'hommes et de chiens de traîneau, tous occupés à travailler.

Dawson zat vol met mannen en sledehonden, die allemaal druk aan het werk waren.

Buck regardait les chiens tirer des charges du matin au soir.

Buck keek van 's ochtends tot 's avonds toe hoe de honden lasten trokken.

Ils transportaient des bûches et du bois de chauffage et acheminaient des fournitures vers les mines.

Ze vervoerden boomstammen en brandhout en goederen naar de mijnen.

Là où les chevaux travaillaient autrefois dans le Southland, les chiens travaillent désormais.

Waar vroeger paarden in het zuiden werkten, doen nu honden hun werk.

Buck a vu quelques chiens du Sud, mais la plupart étaient des huskies ressemblant à des loups.

Buck zag wel wat honden uit het zuiden, maar het waren vooral wolfachtige husky's.

La nuit, comme une horloge, les chiens élevaient la voix pour chanter.

's Nachts begonnen de honden als op een klok te zingen.

À neuf heures, à minuit et à nouveau à trois heures, les chants ont commencé.

Om negen uur, om middernacht en nogmaals om drie uur begon het gezang.

Buck aimait se joindre à leur chant étrange, au son sauvage et ancien.

Buck genoot ervan om mee te zingen met hun griezelige gezang, dat wild en eeuwenoud klonk.

Les aurores boréales flamboyaient, les étoiles dansaient et la neige recouvrait le pays.

Het poollicht vlamde, de sterren dansten en sneeuw bedekte het land.

Le chant des chiens s'éleva comme un cri contre le silence et le froid glacial.

Het gezang van de honden werd een kreet tegen de stilte en de bittere kou.

Mais leur hurlement contenait de la tristesse, et non du défi, dans chaque longue note.

Maar in elke lange noot van hun gehuil klonk verdriet door, geen verzet.

Chaque cri plaintif était plein de supplications, le fardeau de la vie elle-même.

Elke klaagzang was vol smeekbeden; de last van het leven zelf.

Cette chanson était vieille, plus vieille que les villes et plus vieille que les incendies.

Dat lied was oud – ouder dan steden, en ouder dan branden

Cette chanson était encore plus ancienne que les voix des hommes.

Dat lied was nog ouder dan de stemmen van mensen.

C'était une chanson du monde des jeunes, quand toutes les chansons étaient tristes.

Het was een lied uit de jonge wereld, toen alle liederen droevig waren.

La chanson portait la tristesse d'innombrables générations de chiens.

Het lied droeg het verdriet van talloze generaties honden uit.

Buck ressentait profondément la mélodie, gémissant de douleur enracinée dans les âges.

Buck voelde de melodie diep en kreunde van de pijn die al eeuwenlang voelbaar was.

Il sanglotait d'un chagrin aussi vieux que le sang sauvage dans ses veines.

Hij snikte van verdriet dat zo oud was als het wilde bloed in zijn aderen.

Le froid, l'obscurité et le mystère ont touché l'âme de Buck.

De kou, de duisternis en het mysterie raakten Bucks ziel.

Cette chanson prouvait à quel point Buck était revenu à ses origines.

Dat lied bewees hoe ver Buck terug was gegaan naar zijn oorsprong.

À travers la neige et les hurlements, il avait trouvé le début de sa propre vie.

Door de sneeuw en het gehuil had hij het begin van zijn eigen leven gevonden.

Sept jours après leur arrivée à Dawson, ils repartent.

Zeven dagen na aankomst in Dawson vertrokken ze opnieuw.

L'équipe est descendue de la caserne jusqu'au sentier du Yukon.

Het team daalde van de barakken af naar de Yukon Trail.

Ils ont commencé le voyage de retour vers Dyea et Salt Water.

Ze begonnen aan de terugreis naar Dyea en Salt Water.

Perrault portait des dépêches encore plus urgentes qu'auparavant.

Perrault bezorgde berichten die nog dringender waren dan voorheen.

Il était également saisi par la fierté du sentier et avait pour objectif d'établir un record.

Ook hij raakte gegrepen door trailpride en wilde een record vestigen.

Cette fois, plusieurs avantages étaient du côté de Perrault.

Deze keer had Perrault een aantal voordelen.

Les chiens s'étaient reposés pendant une semaine entière et avaient repris des forces.

De honden hadden een hele week rust gehad en waren weer op krachten gekomen.

Le sentier qu'ils avaient ouvert était maintenant damé par d'autres.

Het pad dat ze hadden gebaand, werd nu door anderen platgetreden.

À certains endroits, la police avait stocké de la nourriture pour les chiens et les hommes.

Op sommige plaatsen had de politie voedsel opgeslagen voor zowel honden als mensen.

Perrault voyageait léger, se déplaçait rapidement et n'avait pas grand-chose pour l'alourdir.

Perrault reisde licht en snel, met weinig lasten die hem belastten.

Ils ont atteint Sixty-Mile, une course de cinquante milles, dès la première nuit.

Ze bereikten de Sixty-Mile, een tocht van tachtig kilometer, al in de eerste nacht.

Le deuxième jour, ils se sont précipités sur le Yukon en direction de Pelly.

Op de tweede dag trokken ze snel de Yukon op richting Pelly.

Mais ces beaux progrès ont été accompagnés de beaucoup de difficultés pour François.

Maar deze mooie vooruitgang bracht voor François ook veel spanning met zich mee.

La rébellion silencieuse de Buck avait brisé la discipline de l'équipe.

Bucks stille rebellie had de discipline van het team verwoest.

Ils ne se rassemblaient plus comme une seule bête dans les rênes.

Ze trokken niet langer als één beest aan de teugels samen.

Buck avait conduit d'autres personnes à la défiance par son exemple audacieux.

Buck bracht anderen tot verzet door zijn moedige voorbeeld.

L'ordre de Spitz n'a plus été accueilli avec crainte ou respect.

Spitz' bevelen werden niet langer met angst of respect ontvangen.

Les autres ont perdu leur respect pour lui et ont osé résister à son règne.

De anderen verloren hun ontzag voor hem en durfden zich tegen zijn heerschappij te verzetten.

Une nuit, Pike a volé la moitié d'un poisson et l'a mangé sous les yeux de Buck.

Op een nacht stal Pike een halve vis en at die op onder Bucks oog.

Une autre nuit, Dub et Joe se sont battus contre Spitz et sont restés impunis.

Op een andere avond vochten Dub en Joe ongestraft met Spitz.

Même Billee gémissait moins doucement et montrait une nouvelle vivacité.

Zelfs Billee jankte minder lief en toonde nieuwe scherpte.

Buck grognait sur Spitz à chaque fois qu'ils se croisaient.

Buck gromde naar Spitz iedere keer dat ze elkaar tegenkwamen.

L'attitude de Buck devint audacieuse et menaçante, presque comme celle d'un tyran.

Bucks houding werd brutaal en dreigend, bijna als die van een pestkop.

Il marchait devant Spitz avec une démarche assurée, pleine de menace moqueuse.

Hij liep met een zwierige blik en een dreigende blik op Spitz af.

Cet effondrement de l'ordre s'est également propagé parmi les chiens de traîneau.

Die verstoring van de openbare orde had ook gevolgen voor de sledehonden.

Ils se battaient et se disputaient plus que jamais, remplissant le camp de bruit.

Ze vochten en maakten meer ruzie dan ooit tevoren, waardoor het kamp vol kabaal stond.

La vie au camp se transformait chaque nuit en un chaos sauvage et hurlant.

Elke avond veranderde het leven in het kamp in een wilde, huilende chaos.

Seuls Dave et Solleks sont restés stables et concentrés.

Alleen Dave en Solleks bleven kalm en geconcentreerd.

Mais même eux sont devenus colériques à cause des bagarres incessantes.

Maar zelfs zij werden opvliegend van de voortdurende gevechten.

François jurait dans des langues étranges et piétinait de frustration.

François vloekte in vreemde talen en stampte van frustratie.

Il s'arrachait les cheveux et criait tandis que la neige volait sous ses pieds.

Hij trok aan zijn haar en schreeuwde, terwijl de sneeuw onder zijn voeten door vloog.

Son fouet claqua sur le groupe, mais parvint à peine à les maintenir en ligne.

Zijn zweep sloeg over de groep, maar kon ze ternauwernood in het gareel houden.

Chaque fois qu'il tournait le dos, les combats reprenaient.

Zodra hij zijn rug toekeerde, brak er weer gevochten uit.

François a utilisé le fouet pour Spitz, tandis que Buck a dirigé les rebelles.

François gebruikte de zweep tegen Spitz, terwijl Buck de rebellen leidde.

Chacun connaissait le rôle de l'autre, mais Buck évitait tout blâme.

Ze kenden elkaars rol, maar Buck vermeed de schuld.

François n'a jamais surpris Buck en train de provoquer une bagarre ou de se dérober à son travail.

François heeft Buck nooit betrapt op het beginnen van een gevecht of het negeren van zijn werk.

Buck travaillait dur sous le harnais – le travail lui faisait désormais vibrer l'esprit.

Buck werkte hard in het tuig; de arbeid vervulde nu zijn geest.

Mais il trouvait encore plus de joie à provoquer des bagarres et du chaos dans le camp.

Maar hij vond nog meer plezier in het veroorzaken van ruzies en chaos in het kamp.

Un soir, à l'embouchure du Tahkeena, Dub fit sursauter un lapin.

Op een avond schrok Dub bij de mond van de Tahkeena een konijn op.

Il a raté la prise et le lièvre d'Amérique s'est enfui.

Hij miste de vangst en het sneeuwschoenhaasje sprong weg.

En quelques secondes, toute l'équipe de traîneau s'est lancée à sa poursuite en poussant des cris sauvages.

Binnen enkele seconden zette het hele sleeteam de achtervolging in, met wilde kreten.

À proximité, un camp de la police du Nord-Ouest abritait une cinquantaine de chiens huskys.

In de buurt huisvestte een politiekamp van het noordwesten vijftig husky's.

Ils se sont joints à la chasse, descendant ensemble la rivière gelée.

Ze gingen op jacht en samen stroomden ze door de bevroren rivier.

Le lapin a quitté la rivière et s'est enfui dans le lit d'un ruisseau gelé.

Het konijn verliet de rivier en vluchtte via een bevroren kreekbedding omhoog.

Le lapin sautait légèrement sur la neige tandis que les chiens peinaient à se frayer un chemin.

Het konijn huppelde zachtjes over de sneeuw terwijl de honden zich erdoorheen worstelden.

Buck menait l'énorme meute de soixante chiens dans chaque virage sinueux.

Buck leidde de enorme roedel van zestig honden door iedere bocht.

Il avança, bas et impatient, mais ne put gagner du terrain.

Hij drong naar voren, laag en gretig, maar kon geen terrein winnen.

Son corps brillait sous la lune pâle à chaque saut puissant.

Bij elke krachtige sprong flitste zijn lichaam onder de bleke maan.

Devant, le lapin se déplaçait comme un fantôme, silencieux et trop rapide pour être attrapé.

Voor ons uit bewoog het konijn zich als een spook, stil en te snel om te vangen.

Tous ces vieux instincts – la faim, le frisson – envahirent Buck.

Al die oude instincten - de honger, de spanning - raasden door Buck heen.

Les humains ressentent parfois cet instinct et sont poussés à chasser avec une arme à feu et des balles.

Mensen voelen soms dit instinct en willen met een geweer en kogel jagen.

Mais Buck ressentait ce sentiment à un niveau plus profond et plus personnel.

Maar Buck voelde dit gevoel op een dieper en persoonlijker niveau.

Ils ne pouvaient pas ressentir la nature sauvage dans leur sang comme Buck pouvait la ressentir.

Zij konden de wildernis niet in hun bloed voelen zoals Buck dat kon.

Il chassait la viande vivante, prêt à tuer avec ses dents et à goûter le sang.

Hij jaagde op levend vlees, klaar om te doden met zijn tanden en bloed te proeven.

Son corps se tendait de joie, voulant se baigner dans la vie rouge et chaude.

Zijn lichaam spande zich van vreugde, hij wilde zich baden in het warme, rode leven.

Une joie étrange marque le point le plus élevé que la vie puisse atteindre.

Een vreemde vreugde markeert het hoogste punt dat het leven ooit kan bereiken.

La sensation d'un pic où les vivants oublient même qu'ils sont en vie.

Het gevoel van een bergtop waar de levenden vergeten dat ze leven.

Cette joie profonde touche l'artiste perdu dans une inspiration fulgurante.

Deze diepe vreugde raakt de kunstenaar, verloren in vurige inspiratie.

Cette joie saisit le soldat qui se bat avec acharnement et n'épargne aucun ennemi.

Deze vreugde grijpt de soldaat aan die met een wilde strijder vecht en geen enkele vijand spaart.

Cette joie s'empara alors de Buck alors qu'il menait la meute dans une faim primitive.

Deze vreugde maakte zich meester van Buck terwijl hij de roedel leidde in oerhonger.

Il hurla avec le cri ancien du loup, ravi par la chasse vivante.

Hij huilde met de oeroude wolvenroep, opgewonden door de levende jacht.

Buck a puisé dans la partie la plus ancienne de lui-même, perdue dans la nature.

Buck vond de weg naar het oudste deel van zichzelf, verdwaald in de wildernis.

Il a puisé au plus profond de lui-même, au-delà de la mémoire, dans le temps brut et ancien.

Hij groef diep in zichzelf, voorbij de herinnering, naar de rauwe, oude tijd.

Une vague de vie pure a traversé chaque muscle et chaque tendon.

Een golf van puur leven stroomde door iedere spier en pees.

Chaque saut criait qu'il vivait, qu'il traversait la mort.

Elke sprong maakte duidelijk dat hij leefde, dat hij door de dood heen ging.

Son corps s'élevait joyeusement au-dessus d'une terre calme et froide qui ne bougeait jamais.

Zijn lichaam zweefde vreugdevol over het stille, koude land dat nooit bewoog.

Spitz est resté froid et rusé, même dans ses moments les plus fous.

Spitz bleef koud en sluw, zelfs in zijn wildste momenten.

Il quitta le sentier et traversa un terrain où le ruisseau formait une large courbe.

Hij verliet het pad en stak het land over waar de beek een brede bocht maakte.

Buck, inconscient de cela, resta sur le chemin sinueux du lapin.

Buck, die zich hiervan niet bewust was, bleef op het kronkelige pad van het konijn.

Puis, alors que Buck tournait un virage, le lapin fantomatique était devant lui.

Toen Buck om de bocht kwam, zag hij het spookachtige konijn voor zich.

Il vit une deuxième silhouette sauter de la berge devant la proie.

Hij zag een tweede figuur vanaf de oever voor de prooi uit springen.

La silhouette était celle d'un Spitz, atterrissant juste sur le chemin du lapin en fuite.

Het figuur was Spitz en landde precies op de weg van het vluchtende konijn.

Le lapin ne pouvait pas se retourner et a rencontré les mâchoires de Spitz en plein vol.

Het konijn kon zich niet omdraaien en stuitte in de lucht op de kaken van Spitz.

La colonne vertébrale du lapin se brisa avec un cri aussi aigu que le cri d'un humain mourant.

De ruggengraat van het konijn brak met een gil die net zo hard klonk als de kreet van een stervende mens.

À ce bruit – la chute de la vie à la mort – la meute hurla fort.

Bij dat geluid – de val van leven naar dood – begon de roedel luid te huilen.

Un chœur sauvage s'éleva derrière Buck, plein de joie sombre.

Achter Buck klonk een wild koor, vol duistere vreugde.

Buck n'a émis aucun cri, aucun son, et a chargé directement Spitz.

Buck gaf geen kreet, maakte geen enkel geluid en stormde recht op Spitz af.

Il a visé la gorge, mais a touché l'épaule à la place.

Hij mikte op de keel, maar raakte in plaats daarvan de schouder.

Ils dégringolèrent dans la neige molle, leurs corps bloqués dans le combat.

Ze rolden door de zachte sneeuw, hun lichamen verwikkeld in een gevecht.

Spitz se releva rapidement, comme s'il n'avait jamais été renversé.

Spitz sprong snel overeind, alsof hij nooit was neergeslagen.

Il a entaillé l'épaule de Buck, puis s'est éloigné du combat.

Hij sneed Buck in zijn schouder en sprong vervolgens weg van de strijd.

À deux reprises, ses dents claquèrent comme des pièges en acier, ses lèvres se retroussèrent et devinrent féroces.

Twee keer klappen zijn tanden als stalen vallen, zijn lippen krullen en zijn woest.

Il recula lentement, cherchant un sol ferme sous ses pieds.

Hij deed langzaam een stap achteruit, op zoek naar vaste grond onder zijn voeten.

Buck a compris le moment instantanément et pleinement.

Buck begreep het moment meteen en volledig.

Le moment était venu ; le combat allait être un combat à mort.

Het moment was gekomen; het zou een strijd op leven en dood worden.

Les deux chiens tournaient en rond, grognant, les oreilles plates, les yeux plissés.

De twee honden cirkelden om elkaar heen, grommend, met platte oren en geknepen ogen.

Chaque chien attendait que l'autre montre une faiblesse ou fasse un faux pas.

Elke hond wachtte totdat de ander zwakte toonde of een misstap beging.

Pour Buck, la scène semblait étrangement connue et profondément ancrée dans ses souvenirs.

Voor Buck voelde het tafereel vertrouwd en diep in zijn herinnering.

Les bois blancs, la terre froide, la bataille au clair de lune.

De witte bossen, de koude aarde, de strijd in het maanlicht.

Un silence pesant emplissait le pays, profond et contre nature.

Een zware stilte vulde het land, diep en onnatuurlijk.

Aucun vent ne soufflait, aucune feuille ne bougeait, aucun bruit ne brisait le silence.

Geen wind bewoog, geen blad bewoog, geen geluid verstoorde de stilte.

Le souffle des chiens s'élevait comme de la fumée dans l'air glacial et calme.

De adem van de honden steeg op als rook in de bevroren, stille lucht.

Le lapin a été depuis longtemps oublié par la meute de bêtes sauvages.

Het konijn was al lang vergeten door de roedel wilde dieren.

Ces loups à moitié apprivoisés se tenaient maintenant immobiles dans un large cercle.

Deze halftamme wolven stonden nu in een wijde kring stil.

Ils étaient silencieux, seuls leurs yeux brillants révélaient leur faim.

Ze waren stil. Alleen hun gloeiende ogen verrieden hun honger.

Leur souffle s'éleva, regardant le combat final commencer.

Hun adem ging omhoog terwijl ze het laatste gevecht zagen beginnen.

Pour Buck, cette bataille était ancienne et attendue, pas du tout étrange.

Voor Buck was dit een oud en verwacht gevecht, helemaal niet vreemd.

C'était comme un souvenir de quelque chose qui devait arriver depuis toujours.

Het voelde als een herinnering aan iets dat altijd al had moeten gebeuren.

Le Spitz était un chien de combat entraîné, affiné par d'innombrables bagarres sauvages.

Spitz was een getrainde vechthond, die zijn vaardigheden had ontwikkeld door talloze wilde gevechten.

Du Spitzberg au Canada, il a vaincu de nombreux ennemis.

Van Spitsbergen tot Canada versloeg hij vele vijanden.

Il était rempli de fureur, mais n'a jamais cédé au contrôle de la rage.

Hij was vervuld van woede, maar hij liet die woede nooit de vrije loop.

Sa passion était vive, mais toujours tempérée par un instinct dur.

Zijn passie was scherp, maar werd altijd getemperd door zijn harde instinct.

Il n'a jamais attaqué jusqu'à ce que sa propre défense soit en place.

Hij viel pas aan toen hij zichzelf had verdedigd.

Buck a essayé encore et encore d'atteindre le cou vulnérable de Spitz.

Buck probeerde keer op keer de kwetsbare nek van Spitz te bereiken.

Mais chaque coup était accueilli par un coup des dents acérées de Spitz.

Maar elke slag werd beantwoord met een snee van Spitz' scherpe tanden.

Leurs crocs se sont heurtés et les deux chiens ont saigné de leurs lèvres déchirées.

Hun hoektanden raakten elkaar en beide honden bloedden uit hun gescheurde lippen.

Peu importe comment Buck s'est lancé, il n'a pas pu briser la défense.

Hoe Buck ook probeerde te scoren, hij kon de verdediging niet doorbreken.

Il devint de plus en plus furieux, se précipitant avec des explosions de puissance sauvages.

Hij werd steeds woedender en sprong met wilde krachtaanvallen op hem af.

À maintes reprises, Buck frappait la gorge blanche du Spitz.

Buck sloeg steeds weer naar de witte keel van Spitz.

À chaque fois, Spitz esquivait et riposta avec une morsure tranchante.

Iedere keer ontweek Spitz de aanval en sloeg terug met een snijdende beet.

Buck changea alors de tactique, se précipitant à nouveau comme pour atteindre la gorge.

Toen veranderde Buck van tactiek en greep hem opnieuw bij de keel.

Mais il s'est retiré au milieu de l'attaque, se tournant pour frapper sur le côté.

Maar hij trok zich tijdens de aanval terug en draaide zich om om vanaf de zijkant aan te vallen.

Il a lancé son épaule sur Spitz, dans le but de le faire tomber.

Hij sloeg zijn schouder tegen Spitz aan in de hoop hem omver te werpen.

À chaque fois qu'il essayait, Spitz esquivait et ripostait avec une frappe.

Elke keer dat hij het probeerde, ontweek Spitz de aanval en counterde met een slag.

L'épaule de Buck était à vif alors que Spitz s'écartait après chaque coup.

Bucks schouder werd pijnlijk omdat Spitz na elke klap wegsprong.

Spitz n'avait pas été touché, tandis que Buck saignait de nombreuses blessures.

Spitz was niet aangeraakt, terwijl Buck uit vele wonden bloedde.

La respiration de Buck était rapide et lourde, son corps était couvert de sang.

Buck haalde snel en zwaar adem. Zijn lichaam was nat van het bloed.

Le combat devenait plus brutal à chaque morsure et à chaque charge.

Het gevecht werd met iedere beet en aanval brutaler.

Autour d'eux, soixante chiens silencieux attendaient le premier à tomber.

Om hen heen stonden zestig stille honden te wachten tot de eerste zou vallen.

Si un chien tombait, la meute allait mettre fin au combat.

Als één hond zou vallen, zou de roedel het gevecht beëindigen.

Spitz vit Buck faiblir et commença à attaquer.

Spitz zag dat Buck zwakker werd en zette de aanval in.

Il a maintenu Buck en déséquilibre, le forçant à lutter pour garder pied.

Hij hield Buck uit evenwicht en dwong hem om zijn evenwicht te bewaren.

Un jour, Buck trébucha et tomba, et tous les chiens se relevèrent.

Op een keer struikelde Buck en viel, en alle honden stonden op.

Mais Buck s'est redressé au milieu de sa chute, et tout le monde s'est affalé.

Maar Buck krabbelde halverwege zijn val weer overeind, en iedereen zakte weer in elkaar.

Buck avait quelque chose de rare : une imagination née d'un instinct profond.

Buck had iets zeldzaams: verbeeldingskracht die voortkwam uit een diep instinct.

Il combattait par instinct naturel, mais aussi par ruse.

Hij vocht uit natuurlijke drang, maar hij vocht ook met sluwheid.

Il chargea à nouveau comme s'il répétait son tour d'attaque à l'épaule.

Hij stormde opnieuw af, alsof hij zijn schouderaanvalstruc herhaalde.

Mais à la dernière seconde, il s'est laissé tomber et a balayé Spitz.

Maar op het laatste moment dook hij laag en vloog onder Spitz door.

Ses dents se sont bloquées sur la patte avant gauche de Spitz avec un claquement.

Zijn tanden klikten vast op Spitz' linker voorpoot.

Spitz était maintenant instable, son poids reposant sur seulement trois pattes.

Spitz stond nu wankel, zijn gewicht rustte op slechts drie poten.

Buck frappa à nouveau, essaya trois fois de le faire tomber.

Buck sloeg opnieuw toe en probeerde hem drie keer omver te werpen.

À la quatrième tentative, il a utilisé le même mouvement avec succès.

Bij de vierde poging gebruikte hij dezelfde beweging met succes

Cette fois, Buck a réussi à mordre la jambe droite du Spitz.

Deze keer lukte het Buck om Spitz in zijn rechterpoot te bijten.

Spitz, bien que paralysé et souffrant, continuait à lutter pour survivre.

Spitz bleef vechten om te overleven, ook al was hij verlamd en leed hij veel pijn.

Il vit le cercle de huskies se resserrer, la langue tirée, les yeux brillants.

Hij zag de kring van husky's kleiner worden, met hun tong uit hun bek en hun ogen stralend.

Ils attendaient de le dévorer, comme ils l'avaient fait pour les autres.

Ze wachtten erop hem te verslinden, net zoals ze bij anderen hadden gedaan.

Cette fois, il se tenait au centre, vaincu et condamné.

Deze keer stond hij in het midden; verslagen en gedoemd.

Le chien blanc n'avait désormais plus aucune possibilité de s'échapper.

Voor de witte hond was er nu geen ontsnappingsmogelijkheid meer.

Buck n'a montré aucune pitié, car la pitié n'avait pas sa place dans la nature.

Buck toonde geen genade, want genade hoort niet thuis in de wildernis.

Buck se déplaçait prudemment, se préparant à la charge finale.

Buck bewoog zich voorzichtig en maakte zich klaar voor de laatste aanval.

Le cercle des huskies se referma ; il sentit leur souffle chaud.

De kring van husky's sloot zich; hij voelde hun warme adem.

Ils s'accroupirent, prêts à bondir lorsque le moment viendrait.

Ze hurkten diep, klaar om te springen zodra het moment daar was.

Spitz tremblait dans la neige, grognant et changeant de position.

Spitz trilde in de sneeuw, gromde en veranderde van houding.

Ses yeux brillaient, ses lèvres se courbaient, ses dents brillaient dans une menace désespérée.

Zijn ogen stonden fel, zijn lippen waren opgetrokken en zijn tanden stonden oog in oog met de dreiging van de dag.

Il tituba, essayant toujours de résister à la morsure froide de la mort.

Hij wankelde en probeerde nog steeds de koude, dodelijke beet van zich af te houden.

Il avait déjà vu cela auparavant, mais toujours du côté des gagnants.

Hij had dit al eerder gezien, maar altijd van de winnende kant.

Il était désormais du côté des perdants, des vaincus, de la proie, de la mort.

Nu was hij aan de verliezende kant; de verslagene; de prooi; de dood.

Buck tourna en rond pour porter le coup final, le cercle de chiens se rapprochant.

Buck draaide zich om voor de laatste slag, terwijl de kring honden steeds dichterbij kwam.

Il pouvait sentir leur souffle chaud, prêt à tuer.

Hij kon hun hete ademhaling voelen; klaar om te doden.

Un silence s'installa ; tout était à sa place ; le temps s'était arrêté.

Er ontstond een stilte; alles viel op zijn plaats; de tijd stond stil.

Même l'air froid entre eux se figea un dernier instant.

Zelfs de koude lucht tussen hen bevroor voor een laatste moment.

Seul Spitz bougea, essayant de retenir sa fin amère.

Alleen Spitz bewoog en probeerde zijn bittere einde te bedwingen.

Le cercle des chiens se refermait autour de lui, comme l'était son destin.

De kring van honden sloot zich om hem heen, en dat was zijn lot.

Il était désespéré maintenant, sachant ce qui allait se passer.

Hij was nu wanhopig, want hij wist wat er ging gebeuren.

Buck bondit, épaule contre épaule une dernière fois.

Buck sprong naar voren en raakte elkaars schouders nog een keer.

Les chiens se sont précipités en avant, couvrant Spitz dans l'obscurité neigeuse.

De honden stormden naar voren en beschermden Spitz in de duisternis van de sneeuw.

Buck regardait, debout, le vainqueur dans un monde sauvage.

Buck keek toe en stond rechtop; de overwinnaar in een barre wereld.

La bête primordiale dominante avait fait sa proie, et c'était bien.

Het dominante oerbeest had zijn prooi gevangen, en het was goed.

Celui qui a gagné la maîtrise
Hij die het meesterschap heeft gewonnen

« Hein ? Qu'est-ce que j'ai dit ? Je dis vrai quand je dis que Buck est un démon. »

"Eh? Wat zei ik? Ik spreek de waarheid als ik zeg dat Buck een duivel is."

François a dit cela le lendemain matin après avoir constaté la disparition de Spitz.

François zei dit de volgende ochtend nadat hij Spitz vermist had aangetroffen.

Buck se tenait là, couvert de blessures dues au combat acharné.

Buck stond daar, bedekt met wonden van het hevige gevecht.

François tira Buck près du feu et lui montra les blessures.

François trok Buck naar het vuur en wees naar de verwondingen.

« Ce Spitz s'est battu comme le Devik », dit Perrault en observant les profondes entailles.

"Die Spitz vocht als een Devik," zei Perrault, terwijl hij naar de diepe wonden keek.

« Et ce Buck s'est battu comme deux diables », répondit aussitôt François.

"En die Buck heeft gevochten als twee duivels," antwoordde François onmiddellijk.

« Maintenant, nous allons faire du bon temps ; plus de Spitz, plus de problèmes. »

"Nu gaan we het goedmaken; geen Spitz meer, geen problemen meer."

Perrault préparait le matériel et chargeait le traîneau avec soin.

Perrault was bezig met het inpakken van de spullen en het zorgvuldig beladen van de slee.

François a attelé les chiens en prévision de la course du jour.

François tuigde de honden in ter voorbereiding op de hardloopwedstrijd van die dag.

Buck a trotté directement vers la position de tête autrefois détenue par Spitz.

Buck draafde rechtstreeks naar de koppositie die ooit door Spitz werd bekleed.

Mais François, sans s'en apercevoir, conduisit Solleks vers l'avant.

Maar François merkte het niet en leidde Solleks naar voren.

Aux yeux de François, Solleks était désormais le meilleur chien de tête.

Volgens François was Solleks nu de beste leider.

Buck se jeta sur Solleks avec fureur et le repoussa en signe de protestation.

Buck sprong woedend op Solleks af en dwong hem uit protest terug.

Il se tenait là où Spitz s'était autrefois tenu, revendiquant la position de leader.

Hij stond waar Spitz ooit had gestaan en eiste de leidende positie op.

« Hein ? Hein ? » s'écria François et se frappant les cuisses d'un air amusé.

"Eh? Eh?" riep François, terwijl hij zich vermaakt op zijn dijen sloeg.

« Regardez Buck, il a tué Spitz, et maintenant il veut prendre le poste ! »

"Kijk naar Buck, hij heeft Spitz vermoord en nu wil hij de baan!"

« Va-t'en, Chook ! » cria-t-il, essayant de chasser Buck.

"Ga weg, Chook!" schreeuwde hij, terwijl hij probeerde Buck weg te jagen.

Mais Buck refusa de bouger et resta ferme dans la neige.

Maar Buck weigerde te bewegen en bleef stevig in de sneeuw staan.

François attrapa Buck par la peau du cou et le tira sur le côté.

François greep Buck bij zijn nekvel en trok hem opzij.

Buck grogna bas et menaçant mais n'attaqua pas.

Buck gromde zachtjes en dreigend, maar viel niet aan.

François a remis Solleks en tête, tentant de régler le différend

François bracht Solleks weer op voorsprong en probeerde het conflict te beslechten

Le vieux chien avait peur de Buck et ne voulait pas rester.

De oude hond was bang voor Buck en wilde niet blijven.

Quand François lui tourna le dos, Buck chassa à nouveau Solleks.

Toen François zich omdraaide, joeg Buck Solleks weer weg.

Solleks n'a pas résisté et s'est discrètement écarté une fois de plus.

Solleks verzette zich niet en stapte opnieuw stilletjes opzij.

François s'est mis en colère et a crié : « Par Dieu, je te répare ! »

François werd boos en schreeuwde: "Bij God, ik maak je beter!"

Il s'approcha de Buck et tenant une lourde massue à la main.

Hij liep op Buck af met een zware knuppel in zijn hand.

Buck se souvenait bien de l'homme au pull rouge.

Buck kon zich de man in de rode trui nog goed herinneren.

Il recula lentement, observant François, mais grognant profondément.

Hij liep langzaam achteruit, keek François aan en gromde diep.

Il ne s'est pas précipité en arrière, même lorsque Solleks s'est levé à sa place.

Hij haastte zich niet terug, zelfs niet toen Solleks zijn plaats innam.

Buck tourna en rond juste hors de portée, grognant de fureur et de protestation.

Buck cirkelde net buiten hun bereik en gromde van woede en protest.

Il gardait les yeux fixés sur le gourdin, prêt à esquiver si François lançait.

Hij hield zijn ogen op de club gericht, klaar om te ontwijken als François zou gooien.

Il était devenu sage et prudent quant aux manières des hommes armés.

Hij was wijzer en op zijn hoede geworden voor de gewoonten van mannen met wapens.

François abandonna et rappela Buck à son ancienne place.

François gaf het op en riep Buck weer naar zijn oude plek.

Mais Buck recula prudemment, refusant d'obéir à l'ordre.

Maar Buck deed voorzichtig een stap achteruit en weigerde het bevel op te volgen.

François le suivit, mais Buck ne recula que de quelques pas supplémentaires.

François volgde, maar Buck deed nog maar een paar stappen achteruit.

Après un certain temps, François jeta l'arme par frustration.

Na een tijdje gooide François uit frustratie het wapen op de grond.

Il pensait que Buck craignait d'être battu et qu'il allait venir tranquillement.

Hij dacht dat Buck bang was voor een pak slaag en stilletjes zou komen.

Mais Buck n'évitait pas la punition : il se battait pour son rang.

Maar Buck wilde zijn straf niet ontlopen; hij vocht voor zijn rang.

Il avait gagné la place de chien de tête grâce à un combat à mort.

Hij had de leidende positie verdiend door een gevecht op leven en dood

il n'allait pas se contenter de moins que d'être le leader.

Hij zou met niets minder genoegen nemen dan de leider.

Perrault a participé à la poursuite pour aider à attraper le Buck rebelle.

Perrault bemoeide zich met de achtervolging om de opstandige Buck te vangen.

Ensemble, ils l'ont fait courir dans le camp pendant près d'une heure.

Samen renden ze hem bijna een uur lang rond in het kamp.

Ils lui lancèrent des coups de massue, mais Buck les esquiva habilement.

Ze gooiden knuppels naar hem, maar Buck wist ze allemaal behendig te ontwijken.

Ils l'ont maudit, lui, ses ancêtres, ses descendants et chaque cheveu de sa personne.

Ze vervloekten hem, zijn voorouders, zijn nakomelingen en elke haar op hem.

Mais Buck se contenta de gronder en retour et resta hors de leur portée.

Maar Buck grauwde alleen maar en bleef net buiten hun bereik.

Il n'a jamais essayé de s'enfuir mais a délibérément tourné autour du camp.

Hij probeerde nooit weg te rennen, maar liep doelbewust om het kamp heen.

Il a clairement fait savoir qu'il obéirait une fois qu'ils lui auraient donné ce qu'il voulait.

Hij maakte duidelijk dat hij zou gehoorzamen zodra ze hem gaven wat hij wilde.

François s'est finalement assis et s'est gratté la tête avec frustration.

François ging uiteindelijk zitten en krabde gefrustreerd aan zijn hoofd.

Perrault consulta sa montre, jura et marmonna à propos du temps perdu.

Perrault keek op zijn horloge, vloekte en mompelde over de verloren tijd.

Une heure s'était déjà écoulée alors qu'ils auraient dû être sur la piste.

Er was al een uur verstreken terwijl ze eigenlijk al op pad hadden moeten zijn.

François haussa les épaules d'un air penaud en direction du coursier, qui soupira de défaite.

François haalde verlegen zijn schouders op naar de koerier, die verslagen zuchtte.

François se dirigea alors vers Solleks et appela Buck une fois de plus.

Toen liep François naar Solleks en riep nogmaals naar Buck.

Buck rit comme rit un chien, mais garda une distance prudente.

Buck lachte zoals een hond lacht, maar bleef op een voorzichtige afstand.

François retira le harnais de Solleks et le remit à sa place.

François deed het harnas van Solleks af en zette hem terug op zijn plek.

L'équipe de traîneau était entièrement harnachée, avec seulement une place libre.

Het sleeteam stond volledig uitgerust, met slechts één plekje vrij.

La position de tête est restée vide, clairement destinée à Buck seul.

De koppositie bleef leeg en was duidelijk alleen voor Buck bedoeld.

François appela à nouveau, et à nouveau Buck rit et tint bon.

François riep nog eens, en opnieuw lachte Buck en hield hij stand.

« Jetez le gourdin », ordonna Perrault sans hésitation.

"Gooi de knuppel neer", beval Perrault zonder aarzeling.

François obéit et Buck trotta immédiatement en avant, fièrement.

François gehoorzaamde en Buck draafde meteen trots naar voren.

Il rit triomphalement et prit la tête.

Hij lachte triomfantelijk en nam de leiding over.

François a sécurisé ses traces et le traîneau a été détaché.

François stelde zijn sporen veilig en de slee brak los.

Les deux hommes couraient côte à côte tandis que l'équipe s'engageait sur le sentier de la rivière.

Beide mannen renden naast elkaar toen het team richting het rivierpad rende.

François avait une haute opinion des « deux diables » de Buck,

François had een hoge dunk van Bucks "twee duivels",

mais il s'est vite rendu compte qu'il avait en fait sous-estimé le chien.

maar al snel besefte hij dat hij de hond eigenlijk had onderschat.

Buck a rapidement pris le leadership et a fait preuve d'excellence.

Buck nam snel de leiding op zich en presteerde uitstekend.

En termes de jugement, de réflexion rapide et d'action, Buck a surpassé Spitz.

Buck overtrof Spitz qua oordeel, snelle denken en snelle actie.

François n'avait jamais vu un chien égal à celui que Buck présentait maintenant.

François had nog nooit een hond gezien die kon tippen aan wat Buck nu liet zien.

Mais Buck excellait vraiment dans l'art de faire respecter l'ordre et d'imposer le respect.

Maar Buck blonk vooral uit in het handhaven van orde en het afdwingen van respect.

Dave et Solleks ont accepté le changement sans inquiétude ni protestation.

Dave en Solleks accepteerden de verandering zonder zorgen of protest.

Ils se concentraient uniquement sur le travail et tiraient fort sur les rênes.

Ze concentreerden zich alleen op het werk en het hard aanhalen van de teugels.

Peu leur importait de savoir qui menait, tant que le traîneau continuait d'avancer.

Het maakte hen niet uit wie de leiding had, zolang de slee maar bleef rijden.

Billee, la joyeuse, aurait pu diriger pour autant qu'ils s'en soucient.

Billee, de vrolijke dame, had wat hen betreft de leiding kunnen nemen.

Ce qui comptait pour eux, c'était la paix et l'ordre dans les rangs.

Wat voor hen telde, was vrede en orde in de gelederen.

Le reste de l'équipe était devenu indiscipliné pendant le déclin de Spitz.
De rest van het team was tijdens Spitz' achteruitgang onhandelbaar geworden.

Ils furent choqués lorsque Buck les ramena immédiatement à l'ordre.
Ze waren geschokt toen Buck hen meteen tot orde riep.

Pike avait toujours été paresseux et traînait les pieds derrière Buck.
Pike was altijd lui en liep altijd achter Buck aan.

Mais maintenant, il a été sévèrement discipliné par la nouvelle direction.
Maar nu werd hij streng aangepakt door de nieuwe leiding.

Et il a rapidement appris à faire sa part dans l'équipe.
En hij leerde al snel hoe hij zijn steentje bij kon dragen aan het team.

À la fin de la journée, Pike avait travaillé plus dur que jamais.
Aan het eind van de dag werkte Pike harder dan ooit tevoren.

Cette nuit-là, au camp, Joe, le chien aigri, fut finalement maîtrisé.
Die nacht in het kamp was Joe, de boze hond, eindelijk onder controle.

Spitz n'avait pas réussi à le discipliner, mais Buck n'avait pas échoué.
Spitz had hem niet kunnen disciplineren, maar Buck faalde niet.

Grâce à son poids plus important, Buck a vaincu Joe en quelques secondes.
Met zijn grotere gewicht overmeesterde Buck Joe binnen enkele seconden.

Il a mordu et battu Joe jusqu'à ce qu'il gémisse et cesse de résister.
Hij beet en sloeg Joe tot hij begon te janken en zich niet meer verzette.

Toute l'équipe s'est améliorée à partir de ce moment-là.

Vanaf dat moment ging het hele team vooruit.

Les chiens ont retrouvé leur ancienne unité et leur discipline.

De honden herwonnen hun oude eenheid en discipline.

À Rink Rapids, deux nouveaux huskies indigènes, Teek et Koona, nous ont rejoint.

Bij Rink Rapids sloten zich twee nieuwe inheemse husky's aan: Teek en Koona.

La rapidité avec laquelle Buck les dressa étonna même François.

Zelfs François was verbaasd hoe snel Buck ze trainde.

« Il n'y a jamais eu de chien comme ce Buck ! » s'écria-t-il avec stupéfaction.

"Er is nog nooit zo'n hond geweest als die Buck!" riep hij verbaasd.

« Non, jamais ! Il vaut mille dollars, bon sang ! »

"Nee, nooit! Hij is duizend dollar waard, bij God!"

« Hein ? Qu'en dis-tu, Perrault ? » demanda-t-il avec fierté.

"Eh? Wat zeg je ervan, Perrault?" vroeg hij trots.

Perrault hocha la tête en signe d'accord et vérifia ses notes.

Perrault knikte instemmend en controleerde zijn aantekeningen.

Nous sommes déjà en avance sur le calendrier et gagnons chaque jour davantage.

We liggen al voor op schema en elke dag boeken we meer vooruitgang.

Le sentier était dur et lisse, sans neige fraîche.

Het pad was hard en glad, zonder verse sneeuw.

Le froid était constant, oscillant autour de cinquante degrés en dessous de zéro.

Het was voortdurend koud, met temperaturen rond de vijftig graden onder nul.

Les hommes montaient et couraient à tour de rôle pour se réchauffer et gagner du temps.

De mannen reden en renden om de beurt om warm te blijven en tijd te winnen.

Les chiens couraient vite avec peu d'arrêts, poussant toujours vers l'avant.

De honden renden snel, stopten maar zelden en duwden altijd vooruit.

La rivière Thirty Mile était en grande partie gelée et facile à traverser.

De Thirty Mile River was grotendeels bevroren en gemakkelijk over te steken.

Ils sont sortis en un jour, ce qui leur avait pris dix jours pour venir.

Wat eerst tien dagen had geduurd, gingen ze in één dag weg.

Ils ont parcouru une distance de soixante milles du lac Le Barge jusqu'à White Horse.

Ze legden een afstand van honderd kilometer af van Lake Le Barge naar White Horse.

À travers les lacs Marsh, Tagish et Bennett, ils se déplaçaient incroyablement vite.

Ze bewogen zich ongelooflijk snel over Marsh, Tagish en Bennett Lakes.

L'homme qui courait était tiré derrière le traîneau par une corde.

De rennende man werd aan een touw achter de slee getrokken.

La dernière nuit de la deuxième semaine, ils sont arrivés à destination.

Op de laatste avond van de tweede week kwamen ze op hun bestemming aan.

Ils avaient atteint ensemble le sommet du col White.

Ze bereikten samen de top van White Pass.

Ils sont descendus au niveau de la mer avec les lumières de Skaguay en dessous d'eux.

Ze daalden af naar zeeniveau, met de lichten van Skaguay onder zich.

Il s'agissait d'une course record à travers des kilomètres de nature froide et sauvage.

Het was een recordbrekende tocht door kilometers koude wildernis.

Pendant quatorze jours d'affilée, ils ont parcouru en moyenne quarante miles.

Veertien dagen lang legden ze gemiddeld ruim 64 kilometer af.

À Skaguay, Perrault et François transportaient des marchandises à travers la ville.

In Skaguay vervoerden Perrault en François vracht door de stad.

Ils ont été acclamés et ont reçu de nombreuses boissons de la part d'une foule admirative.

Ze werden toegejuicht en kregen veel drankjes aangeboden door de bewonderende menigte.

Les chasseurs de chiens et les ouvriers se sont rassemblés autour du célèbre attelage de chiens.

Hondenbestrijders en werklieden verzamelden zich rond het beroemde hondenspan.

Puis les hors-la-loi de l'Ouest arrivèrent en ville et subirent une violente défaite.

Toen kwamen er criminelen uit het westen naar de stad en zij leden een zware nederlaag.

Les gens ont vite oublié l'équipe et se sont concentrés sur un nouveau drame.

Al snel vergaten de mensen het team en richtten zich op het nieuwe drama.

Puis sont arrivées les nouvelles commandes qui ont tout changé d'un coup.

Toen kwamen er nieuwe bevelen die alles in één keer veranderden.

François appela Buck à lui et le serra dans ses bras avec une fierté larmoyante.

François riep Buck bij zich en omhelsde hem met tranen in zijn ogen en trots.

Ce moment fut la dernière fois que Buck revit François.

Dat moment was de laatste keer dat Buck François nog zag.

Comme beaucoup d'hommes avant eux, François et Perrault étaient tous deux partis.

Net als veel mannen daarvoor waren François en Perrault verdwenen.

Un métis écossais a pris en charge Buck et ses coéquipiers de chiens de traîneau.

Een Schotse halfbloed nam de leiding over Buck en zijn sledehondencollega's.

Avec une douzaine d'autres équipes de chiens, ils sont retournés par le sentier jusqu'à Dawson.

Samen met nog een tiental andere hondenteams keerden ze over het pad terug naar Dawson.

Ce n'était plus une course rapide, juste un travail pénible avec une lourde charge chaque jour.

Het was nu geen snelle run meer, maar gewoon zwaar werk met een zware last elke dag.

C'était le train postal qui apportait des nouvelles aux chercheurs d'or près du pôle.

Dit was de posttrein die berichten bracht naar goudzoekers in de buurt van de Noordpool.

Buck n'aimait pas le travail mais le supportait bien, étant fier de ses efforts.

Buck vond het werk niet leuk, maar hij verdroeg het goed en was trots op zijn inzet.

Comme Dave et Solleks, Buck a fait preuve de dévouement dans chaque tâche quotidienne.

Net als Dave en Solleks toonde Buck toewijding aan elke dagelijkse taak.

Il s'est assuré que chacun de ses coéquipiers fasse sa part du travail.

Hij zorgde ervoor dat al zijn teamgenoten hun steentje bijdroegen.

La vie sur les sentiers est devenue ennuyeuse, répétée avec la précision d'une machine.

Het leven op de paden werd saai en herhaalde zich met de precisie van een machine.

Chaque jour était le même, un matin se fondant dans le suivant.

Elke dag voelde hetzelfde, de ene ochtend liep over in de andere.

À la même heure, les cuisiniers se levèrent pour allumer des feux et préparer la nourriture.

Op hetzelfde uur begonnen de koks met het stoken van vuren en het bereiden van het eten.

Après le petit-déjeuner, certains quittèrent le camp tandis que d'autres attelèrent les chiens.

Na het ontbijt verlieten sommigen het kamp, terwijl anderen de honden inspanden.

Ils ont pris la route avant que le faible avertissement de l'aube ne touche le ciel.

Ze bereikten het pad nog voordat de schemering de hemel bereikte.

La nuit, ils s'arrêtaient pour camper, chaque homme ayant une tâche précise.

's Nachts stopten ze om hun kamp op te zetten. Iedere man had een vaste taak.

Certains ont monté les tentes, d'autres ont coupé du bois de chauffage et ramassé des branches de pin.

Sommigen zetten hun tenten op, anderen hakten brandhout en verzamelden dennentakken.

De l'eau ou de la glace étaient ramenées aux cuisiniers pour le repas du soir.

Voor het avondmaal werd er water of ijs naar de koks gebracht.

Les chiens ont été nourris et c'était le meilleur moment de la journée pour eux.

De honden kregen eten en voor hen was dit het beste moment van de dag.

Après avoir mangé du poisson, les chiens se sont détendus et se sont allongés près du feu.

Nadat ze vis hadden gegeten, ontspanden de honden zich bij het vuur.

Il y avait une centaine d'autres chiens dans le convoi avec lesquels se mêler.

Er waren nog honderd andere honden in het konvooi waarmee ze konden omgaan.

Beaucoup de ces chiens étaient féroces et prompts à se battre sans prévenir.

Veel van die honden waren fel en gingen zonder waarschuwing meteen vechten.

Mais après trois victoires, Buck a maîtrisé même les combattants les plus féroces.

Maar na drie overwinningen was Buck zelfs de meest geduchte vechters de baas.

Maintenant, quand Buck grogna et montra ses dents, ils s'écartèrent.

Toen Buck gromde en zijn tanden liet zien, deden ze een stap opzij.

Mais le plus beau dans tout ça, c'est que Buck aimait s'allonger près du feu de camp vacillant.

Het allerleukste was misschien nog wel dat Buck het heerlijk vond om bij het knisperende kampvuur te liggen.

Il s'accroupit, les pattes arrière repliées et les pattes avant tendues vers l'avant.

Hij hurkte neer met zijn achterpoten ingetrokken en zijn voorpoten naar voren gestrekt.

Sa tête était levée tandis qu'il cligna doucement des yeux devant les flammes rougeoyantes.

Hij hief zijn hoofd op en knipperde zachtjes met zijn ogen naar de gloeiende vlammen.

Parfois, il se souvenait de la grande maison du juge Miller à Santa Clara.

Soms dacht hij aan het grote huis van rechter Miller in Santa Clara.

Il pensait à la piscine en ciment, à Ysabel et au carlin appelé Toots.

Hij dacht aan het betonnen zwembad, aan Ysabel en aan de mopshond Toots.

Mais le plus souvent, il se souvenait du gourdin de l'homme au pull rouge.

Maar vaker dacht hij aan de man met de knots van de rode
trui.

**Il se souvenait de la mort de Curly et de sa bataille acharnée
contre Spitz.**

Hij herinnerde zich de dood van Krullend en zijn hevige strijd
met Spitz.

**Il se souvenait aussi des bons plats qu'il avait mangés ou
dont il rêvait encore.**

Hij dacht ook terug aan het lekkere eten dat hij had gegeten of
waarvan hij nog droomde.

**Buck n'avait pas le mal du pays : la vallée chaude était
lointaine et irréelle.**

Buck had geen heimwee: de warme vallei was ver weg en
onwerkelijk.

**Les souvenirs de Californie n'avaient plus vraiment
d'influence sur lui.**

De herinneringen aan Californië hadden geen enkele
aantrekkingskracht meer op hem.

**Plus forts que la mémoire étaient les instincts profondément
ancrés dans sa lignée.**

Sterker dan zijn herinnering waren de instincten diep in zijn
bloedlijn.

**Les habitudes autrefois perdues étaient revenues, ravivées
par le sentier et la nature sauvage.**

Gewoontes die ooit verloren waren gegaan, kwamen terug,
nieuw leven ingeblazen door het pad en de wildernis.

**Tandis que Buck regardait la lumière du feu, cela devenait
parfois autre chose.**

Terwijl Buck naar het vuurlicht keek, veranderde het soms in
iets anders.

**Il vit à la lueur du feu un autre feu, plus vieux et plus
profond que celui-ci.**

Hij zag in het vuurschijnsel een ander vuur, ouder en dieper
dan het huidige vuur.

**À côté de cet autre feu se tenait accroupi un homme qui ne
ressemblait pas au cuisinier métis.**

Naast dat andere vuur hurkte een man, die heel anders was dan de halfbloedkok.

Cette figurine avait des jambes courtes, de longs bras et des muscles durs et noués.

Deze figuur had korte benen, lange armen en harde, geknoopte spieren.

Ses cheveux étaient longs et emmêlés, tombant en arrière à partir des yeux.

Zijn haar was lang en klittig en hing achter zijn ogen.

Il émit des sons étranges et regarda l'obscurité avec peur.

Hij maakte vreemde geluiden en staarde angstig in de duisternis.

Il tenait une massue en pierre basse, fermement serrée dans sa longue main rugueuse.

Hij hield een stenen knuppel stevig vast in zijn lange, ruwe hand.

L'homme portait peu de vêtements ; juste une peau carbonisée qui pendait dans son dos.

De man droeg weinig, alleen een verkoolde huid die over zijn rug hing.

Son corps était couvert de poils épais sur les bras, la poitrine et les cuisses.

Zijn lichaam was bedekt met dik haar op zijn armen, borst en dijen.

Certaines parties des cheveux étaient emmêlées en plaques de fourrure rugueuse.

Sommige delen van het haar zaten verstrengeld in stukken ruwe vacht.

Il ne se tenait pas droit mais penché en avant des hanches jusqu'aux genoux.

Hij stond niet rechtop, maar boog voorover van zijn heupen tot zijn knieën.

Ses pas étaient élastiques et félins, comme s'il était toujours prêt à bondir.

Zijn stappen waren veerkrachtig en als van een kat, alsof hij altijd klaar was om te springen.

Il y avait une vive vigilance, comme s'il vivait dans une peur constante.

Er heerste een scherpe alertheid, alsof hij in voortdurende angst leefde.

Cet homme ancien semblait s'attendre au danger, que le danger soit perçu ou non.

Deze oude man leek gevaar te verwachten, of hij het gevaar nu zag of niet.

Parfois, l'homme poilu dormait près du feu, la tête entre les jambes.

Soms sliep de harige man bij het vuur, met zijn hoofd tussen zijn benen.

Ses coudes reposaient sur ses genoux, ses mains jointes au-dessus de sa tête.

Zijn ellebogen rustten op zijn knieën en zijn handen waren boven zijn hoofd gevouwen.

Comme un chien, il utilisait ses bras velus pour se débarrasser de la pluie qui tombait.

Als een hond gebruikte hij zijn harige armen om de vallende regen van zich af te schudden.

Au-delà de la lumière du feu, Buck vit deux charbons jumeaux briller dans l'obscurité.

Buiten het schijnsel van het vuur zag Buck twee gloeiende kooltjes in het donker.

Toujours deux par deux, ils étaient les yeux des bêtes de proie traquantes.

Altijd twee aan twee, vormden ze de ogen van sluipende roofdieren.

Il entendit des corps s'écraser à travers les broussailles et des bruits se faire entendre dans la nuit.

Hij hoorde lichamen door het struikgewas breken en hij hoorde geluiden in de nacht.

Allongé sur la rive du Yukon, clignant des yeux, Buck rêvait près du feu.

Buck lag knipperend op de oever van de Yukon en droomde bij het vuur.

Les images et les sons de ce monde sauvage lui faisaient dresser les cheveux sur la tête.

De aanblik en de geluiden van die wilde wereld bezorgden hem kippenvel.

La fourrure s'élevait le long de son dos, de ses épaules et de son cou.

De vacht reikte tot op zijn rug, zijn schouders en zijn nek.

Il gémissait doucement ou émettait un grognement sourd au plus profond de sa poitrine.

Hij jankte zachtjes of gromde diep in zijn borst.

Alors le cuisinier métis cria : « Hé, toi Buck, réveille-toi ! »

Toen riep de halfbloedkok: "Hé, jij Buck, word wakker!"

Le monde des rêves a disparu et la vraie vie est revenue aux yeux de Buck.

De droomwereld verdween en Buck zag weer het echte leven.

Il allait se lever, s'étirer et bâiller, comme s'il venait de se réveiller d'une sieste.

Hij stond op, strekte zich uit en gaapte, alsof hij uit een dutje was ontwaakt.

Le voyage était difficile, avec le traîneau postal qui traînait derrière eux.

De tocht was zwaar, met de postslee die achter hen aan sleepte.

Les lourdes charges et le travail pénible épuisaient les chiens à chaque longue journée.

Zware lasten en zwaar werk waren voor de honden iedere dag weer een uitdaging.

Ils arrivèrent à Dawson maigres, fatigués et ayant besoin de plus d'une semaine de repos.

Ze kwamen uitgeput en moe aan in Dawson, en hadden meer dan een week rust nodig.

Mais seulement deux jours plus tard, ils repartaient sur le Yukon.

Maar slechts twee dagen later voeren ze opnieuw de Yukon op.

Ils étaient chargés de lettres supplémentaires destinées au monde extérieur.

Ze waren geladen met nog meer brieven bestemd voor de buitenwereld.

Les chiens étaient épuisés et les hommes se plaignaient constamment.

De honden waren uitgeput en de mannen klaagden voortdurend.

La neige tombait tous les jours, ramollissant le sentier et ralentissant les traîneaux.

Er viel elke dag sneeuw, waardoor het pad zachter werd en de sleden langzamer gingen rijden.

Cela a rendu la traction plus difficile et a entraîné plus de traînée sur les patins.

Dit zorgde ervoor dat er harder getrokken moest worden en er meer weerstand was voor de lopers.

Malgré cela, les pilotes étaient justes et se souciaient de leurs équipes.

Desondanks waren de coureurs eerlijk en zorgden ze goed voor hun teams.

Chaque nuit, les chiens étaient nourris avant que les hommes ne puissent manger.

Elke avond werden de honden gevoerd, voordat de mannen aan de beurt waren.

Aucun homme ne dormait avant de vérifier les pattes de son propre chien.

Niemand sliep voordat hij de poten van zijn eigen hond had gecontroleerd.

Cependant, les chiens s'affaiblissaient à mesure que les kilomètres s'écoulaient sur leur corps.

Toch werden de honden zwakker naarmate de kilometers vorderden.

Ils avaient parcouru mille huit cents kilomètres pendant l'hiver.

Ze hadden achttienhonderd mijl afgelegd tijdens de winter.

Ils ont tiré des traîneaux sur chaque kilomètre de cette distance brutale.

Ze trokken sleden over elke kilometer van die verschrikkelijke afstand.

Même les chiens de traîneau les plus robustes ressentent de la tension après tant de kilomètres.

Zelfs de sterkste sledehonden voelen spanning na zoveel kilometers.

Buck a tenu bon, a permis à son équipe de travailler et a maintenu la discipline.

Buck hield vol, hield zijn team aan het werk en handhaafde de discipline.

Mais Buck était fatigué, tout comme les autres pendant le long voyage.

Maar Buck was moe, net als de anderen op de lange reis.

Billee gémissait et pleurait dans son sommeil chaque nuit sans faute.

Billee jankte en huilde iedere nacht onophoudelijk in zijn slaap.

Joe devint encore plus amer et Solleks resta froid et distant.

Joe werd steeds bitterder en Solleks bleef koud en afstandelijk.

Mais c'est Dave qui a le plus souffert de toute l'équipe.

Maar van het hele team was het vooral Dave die het zwaarst te verduren kreeg.

Quelque chose n'allait pas en lui, même si personne ne savait quoi.

Er was iets misgegaan in hem, maar niemand wist wat.

Il est devenu de plus en plus maussade et s'en est pris aux autres avec une colère croissante.

Hij werd humeuriger en viel anderen steeds bozer aan.

Chaque nuit, il se rendait directement à son nid, attendant d'être nourri.

Elke avond ging hij rechtstreeks naar zijn nest, wachtend om gevoed te worden.

Une fois tombé, Dave ne s'est pas relevé avant le matin.

Toen Dave eenmaal gevallen was, stond hij pas de volgende ochtend weer op.

Sur les rênes, des secousses ou des sursauts brusques le faisaient crier de douleur.

Plotselinge rukken en schokken aan de teugels zorgden ervoor dat hij het uitschreeuwde van de pijn.

Son chauffeur a recherché la cause du sinistre, mais n'a constaté aucune blessure.

Zijn chauffeur zocht naar de oorzaak, maar vond geen verwondingen bij hem.

Tous les conducteurs ont commencé à regarder Dave et ont discuté de son cas.

Alle chauffeurs keken naar Dave en bespraken zijn zaak.

Ils ont discuté pendant les repas et pendant leur dernière cigarette de la journée.

Ze praatten tijdens de maaltijden en tijdens hun laatste sigaret van de dag.

Une nuit, ils ont tenu une réunion et ont amené Dave au feu.

Op een avond hielden ze een vergadering en namen Dave mee naar het vuur.

Ils pressèrent et sondèrent son corps, et il cria souvent.

Ze drukten en onderzochten zijn lichaam, en hij schreeuwde voortdurend.

De toute évidence, quelque chose n'allait pas, même si aucun os ne semblait cassé.

Er was duidelijk iets mis, al leken er geen botten gebroken te zijn.

Au moment où ils atteignirent Cassiar Bar, Dave était en train de tomber.

Tegen de tijd dat ze Cassiar Bar bereikten, begon Dave te vallen.

Le métis écossais a appelé à la fin et a retiré Dave de l'équipe.

De Schotse halfbloed hield ermee op en haalde Dave uit het team.

Il a attaché Solleks à la place de Dave, le plus près de l'avant du traîneau.

Hij bevestigde Solleks op de plek van Dave, het dichtst bij de voorkant van de slee.

Il avait l'intention de laisser Dave se reposer et courir librement derrière le traîneau en mouvement.

Hij wilde Dave laten uitrusten en vrij achter de rijdende slee laten rondrennen.

Mais même malade, Dave détestait être privé du travail qu'il avait occupé.

Maar zelfs als Dave ziek was, vond hij het vreselijk om ontslagen te worden uit zijn oude baan.

Il grogna et gémit tandis que les rênes étaient retirées de son corps.

Hij gromde en jankte toen de teugels van zijn lichaam werden getrokken.

Quand il vit Solleks à sa place, il pleura de douleur.

Toen hij zag dat Solleks in zijn plaats was, huilde hij van gebroken pijn.

La fierté du travail sur les sentiers était profonde chez Dave, même à l'approche de la mort.

Dave voelde een diepe trots voor het werk dat hij deed, zelfs toen de dood naderde.

Alors que le traîneau se déplaçait, Dave pataugeait dans la neige molle près du sentier.

Terwijl de slee voortbewoog, strompelde Dave door de zachte sneeuw vlak bij het pad.

Il a attaqué Solleks, le mordant et le poussant du côté du traîneau.

Hij viel Solleks aan, beet hem en duwde hem van de zijkant van de slee.

Dave a essayé de sauter dans le harnais et de récupérer sa place de travail.

Dave probeerde in het harnas te springen en zijn werkplek terug te krijgen.

Il hurlait, gémissait et pleurait, déchiré entre la douleur et la fierté du travail.

Hij gilde, jammerde en huilde, verscheurd tussen de pijn en de trots van de bevalling.

Le métis a utilisé son fouet pour essayer de chasser Dave de l'équipe.

De halfbloed probeerde Dave met zijn zweep bij het team weg te jagen.

Mais Dave ignora le coup de fouet, et l'homme ne put pas le frapper plus fort.

Maar Dave negeerde de zweepslagen en de man kon hem niet harder slaan.

Dave a refusé le chemin le plus facile derrière le traîneau, où la neige était tassée.

Dave weigerde het gemakkelijkere pad achter de slee te nemen, waar veel sneeuw lag.

Au lieu de cela, il se débattait dans la neige profonde à côté du sentier, dans la misère.

In plaats daarvan worstelde hij zich ellendig voort in de diepe sneeuw naast het pad.

Finalement, Dave s'est effondré, allongé dans la neige et hurlant de douleur.

Uiteindelijk zakte Dave in elkaar. Hij lag in de sneeuw en schreeuwde van de pijn.

Il cria tandis que le long train de traîneaux le dépassait un par un.

Hij schreeuwde het uit toen de lange rij sleden hem één voor één passeerde.

Pourtant, avec ce qu'il lui restait de force, il se leva et trébucha après eux.

Toch stond hij, met de kracht die hem nog restte, op en strompelde achter hen aan.

Il l'a rattrapé lorsque le train s'est arrêté à nouveau et a retrouvé son vieux traîneau.

Toen de trein weer stopte, haalde hij hem in en vond zijn oude slee.

Il a dépassé les autres équipes et s'est retrouvé à nouveau aux côtés de Solleks.

Hij liep langs de andere teams en ging weer naast Solleks staan.

Alors que le conducteur s'arrêtait pour allumer sa pipe, Dave saisit sa dernière chance.

Terwijl de chauffeur stopte om zijn pijp op te steken, greep Dave zijn laatste kans.

Lorsque le chauffeur est revenu et a crié, l'équipe n'a pas avancé.

Toen de chauffeur terugkwam en begon te schreeuwen, kwam het team niet verder.

Les chiens avaient tourné la tête, déconcertés par l'arrêt soudain.

De honden hadden hun kop omgedraaid, verward door de plotselinge stilstand.

Le conducteur était également choqué : le traîneau n'avait pas avancé d'un pouce.

Ook de bestuurder was geschokt: de slee was geen centimeter vooruit gekomen.

Il a appelé les autres pour qu'ils viennent voir ce qui s'était passé.

Hij riep de anderen om te komen kijken wat er gebeurd was.

Dave avait mâché les rênes de Solleks, les brisant toutes les deux.

Dave had de teugels van Solleks doorgebeten en beide paarden waren kapot.

Il se tenait maintenant devant le traîneau, de retour à sa position légitime.

Nu stond hij voor de slee, weer op de plek waar hij hoorde.

Dave leva les yeux vers le conducteur, le suppliant silencieusement de rester dans les traces.

Dave keek op naar de bestuurder en smeekte hem in stilte om in het spoor te blijven.

Le conducteur était perplexe, ne sachant pas quoi faire pour le chien en difficulté.

De chauffeur was in verwarring en wist niet wat hij met de worstelende hond moest doen.

Les autres hommes parlaient de chiens qui étaient morts après avoir été emmenés dehors.

De andere mannen vertelden over honden die waren gestorven toen ze werden uitgelaten.

Ils ont parlé de chiens âgés ou blessés dont le cœur se brisait lorsqu'ils étaient abandonnés.

Ze vertelden over oude of gewonde honden, wier hart brak toen ze achtergelaten werden.

Ils ont convenu que c'était une preuve de miséricorde de laisser Dave mourir alors qu'il était encore dans son harnais.

Ze waren het erover eens dat het genade was om Dave te laten sterven terwijl hij nog in zijn harnas zat.

Il était attaché au traîneau et Dave tirait avec fierté.

Hij werd weer op de slee vastgemaakt en Dave trok er met trots aan.

Même s'il criait parfois, il travaillait comme si la douleur pouvait être ignorée.

Hoewel hij af en toe schreeuwde, deed hij alsof de pijn genegeerd kon worden.

Plus d'une fois, il est tombé et a été traîné avant de se relever.

Hij viel meerdere keren en werd meegesleurd voordat hij weer opstond.

Un jour, le traîneau l'a écrasé et il a boité à partir de ce moment-là.

Op een gegeven moment rolde de slee over hem heen en vanaf dat moment liep hij mank.

Il travailla néanmoins jusqu'à ce qu'il atteigne le camp, puis s'allongea près du feu.

Toch werkte hij door tot het kamp bereikt was en daarna ging hij bij het vuur liggen.

Le matin, Dave était trop faible pour voyager ou même se tenir debout.

Tegen de ochtend was Dave te zwak om te reizen of zelfs maar rechtop te staan.

Au moment de l'attelage, il essaya d'atteindre son conducteur avec un effort tremblant.

Terwijl hij zijn harnas omdeed, probeerde hij met trillende kracht zijn chauffeur te bereiken.

Il se força à se relever, tituba et s'effondra sur le sol enneigé.

Hij dwong zichzelf om overeind te komen, wankelde en stortte neer op de besneeuwde grond.

À l'aide de ses pattes avant, il a traîné son corps vers la zone de harnais.

Met zijn voorpoten sleepte hij zijn lichaam richting het tuiggebied.

Il s'avança, pouce par pouce, vers les chiens de travail.

Hij kroop vooruit, centimeter voor centimeter, in de richting van de werkhonden.

Ses forces l'abandonnèrent, mais il continua d'avancer dans sa dernière poussée désespérée.

Zijn krachten begaven het, maar hij bleef doorgaan in zijn laatste wanhopige poging.

Ses coéquipiers l'ont vu haleter dans la neige, impatients de les rejoindre.

Zijn teamgenoten zagen hem naar adem snakken in de sneeuw en verlangden ernaar om zich bij hen te voegen.

Ils l'entendirent hurler de tristesse alors qu'ils quittaient le camp.

Ze hoorden hem huilen van verdriet toen ze het kamp achter zich lieten.

Alors que l'équipe disparaissait dans les arbres, le cri de Dave résonna derrière eux.

Terwijl het team tussen de bomen verdween, klonk de echo van Dave's geroep achter hen.

Le train de traîneaux s'est brièvement arrêté après avoir traversé un tronçon de forêt fluviale.

De sleetrein stopte even nadat hij een stuk rivierbos was overgestoken.

Le métis écossais retourna lentement vers le camp situé derrière lui.

De Schotse halfbloed liep langzaam terug naar het kamp erachter.

Les hommes ont arrêté de parler quand ils l'ont vu quitter le train de traîneaux.

De mannen hielden op met praten toen ze hem uit de sleebaan zagen stappen.

Puis un coup de feu retentit clairement et distinctement de l'autre côté du sentier.

Toen klonk er een enkel schot, duidelijk en scherp, over het pad.

L'homme revint rapidement et reprit sa place sans un mot.

De man kwam snel terug en nam zonder een woord zijn plaats in.

Les fouets claquaient, les cloches tintaient et les traîneaux roulaient dans la neige.

Zwepen knalden, bellen rinkelden en de sleden rolden door de sneeuw.

Mais Buck savait ce qui s'était passé, et tous les autres chiens aussi.

Maar Buck wist wat er gebeurd was, en alle andere honden ook.

Le travail des rênes et du sentier
De arbeid van teugels en pad

Trente jours après avoir quitté Dawson, le Salt Water Mail atteignit Skaguay.
Dertig dagen nadat ze Dawson hadden verlaten, bereikte de Salt Water Mail Skaguay.

Buck et ses coéquipiers ont pris la tête, arrivant dans un état pitoyable.
Buck en zijn teamgenoten namen de leiding en arriveerden in erbarmelijke toestand.

Buck était passé de cent quarante à cent quinze livres.
Buck was van honderdveertig naar honderdvijftien kilo afgevallen.

Les autres chiens, bien que plus petits, avaient perdu encore plus de poids.
De andere honden waren weliswaar kleiner, maar ze waren nog meer afgevallen.

Pike, autrefois un faux boiteux, traînait désormais derrière lui une jambe véritablement blessée.
Pike, die ooit een nep-limper was, sleepte nu een echt geblesseerd been achter zich aan.

Solleks boitait beaucoup et Dub avait une omoplate déchirée.
Solleks liep erg mank en Dub had een schouderbladblessure.

Tous les chiens de l'équipe avaient mal aux pieds après des semaines passées sur le sentier gelé.
Alle honden in het team hadden last van hun voeten door de wekenlange tocht over het bevroren pad.

Ils n'avaient plus aucun ressort dans leurs pas, seulement un mouvement lent et traînant.
Hun stappen waren niet meer veerkrachtig, ze bewogen alleen nog maar langzaam en slepend.

Leurs pieds heurtent durement le sentier, chaque pas ajoutant plus de tension à leur corps.
Hun voeten komen hard op het pad terecht en elke stap zorgt voor meer belasting van hun lichaam.

Ils n'étaient pas malades, seulement épuisés au-delà de toute guérison naturelle.

Ze waren niet ziek, maar wel zo uitgeput dat ze niet meer op natuurlijke wijze konden herstellen.

Ce n'était pas la fatigue d'une dure journée, guérie par une nuit de repos.

Dit was niet de vermoeidheid van één zware dag, verholpen door een nachtrust.

C'était un épuisement qui s'était construit lentement au fil de mois d'efforts épuisants.

Het was een uitputting die zich langzaam opbouwde door maandenlange, zware inspanningen.

Il ne leur restait plus aucune force de réserve : ils avaient épuisé toutes leurs forces.

Er was geen reservemacht meer over, ze hadden alles wat ze hadden opgebruikt.

Chaque muscle, chaque fibre et chaque cellule de leur corps étaient épuisés et usés.

Elke spier, vezel en cel in hun lichaam was uitgeput en versleten.

Et il y avait une raison : ils avaient parcouru deux mille cinq cents kilomètres.

En daar was een reden voor: ze hadden ruim 4000 kilometer afgelegd.

Ils ne s'étaient reposés que cinq jours au cours des mille huit cents derniers kilomètres.

Tijdens de laatste achttienhonderd mijl hadden ze slechts vijf dagen rust gehad.

Lorsqu'ils arrivèrent à Skaguay, ils semblaient à peine capables de se tenir debout.

Toen ze Skaguay bereikten, konden ze nauwelijks rechtop staan.

Ils ont lutté pour garder les rênes serrées et rester devant le traîneau.

Ze hadden moeite om de teugels strak te houden en voor de slee te blijven.

Dans les descentes, ils ont tout juste réussi à éviter d'être écrasés.

Op de afdaling konden ze alleen ontkomen aan aanrijdingen.

« Continuez, pauvres pieds endoloris », dit le chauffeur tandis qu'ils boitaient.

"Loop maar door, arme, pijnlijke voeten," zei de chauffeur terwijl ze mank voortliepen.

« C'est la dernière ligne droite, après quoi nous aurons tous droit à un long repos, c'est sûr. »

"Dit is het laatste stuk, daarna krijgen we allemaal nog een lange rustpauze, dat is zeker."

« Un très long repos », promit-il en les regardant avancer en titubant.

"Eén echt lange rustpauze," beloofde hij, terwijl hij toekeek hoe ze strompelend verder liepen.

Les pilotes s'attendaient à bénéficier d'une longue pause bien méritée.

De chauffeurs verwachtten dat ze nu een lange, broodnodige pauze zouden krijgen.

Ils avaient parcouru douze cents milles avec seulement deux jours de repos.

Ze hadden twintighonderd kilometer afgelegd en hadden slechts twee dagen rust gehad.

Par souci d'équité et de raison, ils estimaient avoir mérité un temps de détente.

Eerlijkheidshalve vonden ze dat ze tijd hadden verdiend om te ontspannen.

Mais trop de gens étaient venus au Klondike et trop peu étaient restés chez eux.

Maar er waren te veel mensen naar de Klondike gekomen en te weinig mensen waren thuisgebleven.

Les lettres des familles ont afflué, créant des piles de courrier en retard.

Er stroomden brieven van families binnen, waardoor er stapels post ontstonden die te laat waren bezorgd.

Les ordres officiels sont arrivés : de nouveaux chiens de la Baie d'Hudson allaient prendre le relais.

Er kwamen officiële bevelen binnen: nieuwe Hudson Bay-
honden zouden het overnemen.

**Les chiens épuisés, désormais considérés comme sans
valeur, devaient être éliminés.**

De uitgeputte honden, die nu waardeloos werden genoemd,
moesten worden afgevoerd.

**Comme l'argent comptait plus que les chiens, ils allaient être
vendus à bas prix.**

Omdat geld belangrijker was dan honden, moesten ze
goedkoop verkocht worden.

**Trois jours supplémentaires passèrent avant que les chiens
ne ressentent à quel point ils étaient faibles.**

Er gingen nog eens drie dagen voorbij voordat de honden
beseften hoe zwak ze waren.

**Le quatrième matin, deux hommes venus des États-Unis ont
acheté toute l'équipe.**

Op de vierde ochtend kochten twee mannen uit de Verenigde
Staten het hele team.

**La vente comprenait tous les chiens, ainsi que leur harnais
usagé.**

De verkoop omvatte alle honden, inclusief hun versleten tuig.

**Les hommes s'appelaient mutuellement « Hal » et « Charles
» lorsqu'ils concluaient l'affaire.**

De mannen noemden elkaar 'Hal' en 'Charles' toen ze de deal
rond hadden.

**Charles était d'âge moyen, pâle, avec des lèvres molles et des
pointes de moustache féroces.**

Charles was van middelbare leeftijd, bleek, had slappe lippen
en een opvallend lange snor.

**Hal était un jeune homme, peut-être âgé de dix-neuf ans,
portant une ceinture bourrée de cartouches.**

Hal was een jongeman, misschien negentien jaar oud, die een
riem droeg die gevuld was met patronen.

**La ceinture contenait un gros revolver et un couteau de
chasse, tous deux inutilisés.**

Aan de riem zaten een grote revolver en een jachtmes, beide
ongebruikt.

Cela a montré à quel point il était inexpérimenté et inapte à la vie dans le Nord.

Het toonde aan hoe onervaren en ongeschikt hij was voor het leven in het noorden.

Aucun des deux hommes n'appartenait à la nature sauvage ; leur présence défiait toute raison.

Geen van beide mannen hoorde in de wildernis thuis; hun aanwezigheid tartte alle rede.

Buck a regardé l'argent échanger des mains entre l'acheteur et l'agent.

Buck keek toe hoe er geld werd uitgewisseld tussen de koper en de makelaar.

Il savait que les conducteurs du train postal allaient le quitter comme les autres.

Hij wist dat de postmachinisten net als de rest van zijn leven een einde aan zijn leven zouden maken.

Ils suivirent Perrault et François, désormais irrévocables.

Ze volgden Perrault en François, die inmiddels onherroepelijk verdwenen waren.

Buck et l'équipe ont été conduits dans le camp négligé de leurs nouveaux propriétaires.

Buck en het team werden naar het slordige kamp van hun nieuwe eigenaren geleid.

La tente s'affaissait, la vaisselle était sale et tout était en désordre.

De tent was verzakt, de vaat was vies en alles lag in de war.

Buck remarqua également une femme : Mercedes, la femme de Charles et la sœur de Hal.

Buck zag daar ook een vrouw: Mercedes, de vrouw van Charles en de zus van Hal.

Ils formaient une famille complète, bien que loin d'être adaptée au sentier.

Ze vormden een compleet gezin, maar waren verre van geschikt voor de tocht.

Buck regarda nerveusement le trio commencer à emballer les fournitures.

Buck keek nerveus toe hoe het drietal begon met het inpakken van de spullen.

Ils ont travaillé dur mais sans ordre, juste du grabuge et des efforts gaspillés.

Ze werkten hard, maar zonder orde: alleen maar gedoe en verspilde moeite.

La tente a été roulée dans une forme volumineuse, beaucoup trop grande pour le traîneau.

De tent was opgerold tot een omvangrijk geheel, veel te groot voor de slee.

La vaisselle sale a été emballée sans avoir été nettoyée ni séchée du tout.

Vuile vaat werd ingepakt zonder dat het werd schoongemaakt of gedroogd.

Mercedes voltigeait, parlant constamment, corrigeant et intervenant.

Mercedes fladderde heen en weer, voortdurend pratend, corrigerend en bemoeiend.

Lorsqu'un sac était placé à l'avant, elle insistait pour qu'il soit placé à l'arrière.

Toen er een zak op de voorkant werd gelegd, stond ze erop dat deze op de achterkant werd gelegd.

Elle a mis le sac au fond, et l'instant d'après, elle en avait besoin.

Ze stopte de zak onderin, en het volgende moment had ze hem nodig.

Le traîneau a donc été déballé à nouveau pour atteindre le sac spécifique.

Dus werd de slee weer uitgepakt om die ene specifieke tas te pakken.

À proximité, trois hommes se tenaient devant une tente, observant la scène se dérouler.

Vlakbij stonden drie mannen voor een tent en keken naar het tafereel.

Ils souriaient, faisaient des clins d'œil et souriaient à la confusion évidente des nouveaux arrivants.

Ze glimlachten, knipoogden en grijnsden om de duidelijke verwarring van de nieuwkomers.

« Vous avez déjà une charge très lourde », dit l'un des hommes.

"Je hebt al een zware last te dragen", zei een van de mannen.

« Je ne pense pas que tu devrais porter cette tente, mais c'est ton choix. »

"Ik denk niet dat jij die tent moet dragen, maar het is jouw keuze."

« Inimaginable ! » s'écria Mercedes en levant les mains de désespoir.

"Ongekend!" riep Mercedes, terwijl ze haar handen in wanhoop in de lucht gooide.

« Comment pourrais-je voyager sans une tente sous laquelle dormir ? »

"Hoe zou ik ooit kunnen reizen zonder een tent om onder te overnachten?"

« C'est le printemps, vous ne verrez plus jamais de froid », répondit l'homme.

"Het is lente, het zal niet meer koud zijn", antwoordde de man.

Mais elle secoua la tête et ils continuèrent à empiler des objets sur le traîneau.

Maar ze schudde haar hoofd, en ze bleven maar spullen op de slee stapelen.

La charge s'élevait dangereusement alors qu'ils ajoutaient les dernières choses.

Toen ze de laatste dingen toevoegden, was de lading gevaarlijk hoog.

« Tu penses que le traîneau va rouler ? » demanda l'un des hommes avec un regard sceptique.

"Denk je dat de slee zal rijden?" vroeg een van de mannen met een sceptische blik.

« Pourquoi pas ? » rétorqua Charles, vivement agacé.

"Waarom zou dat niet?", snauwde Charles met scherpe ergernis terug.

« Oh, ce n'est pas grave », dit rapidement l'homme, s'éloignant de l'offense.

"Oh, dat is goed," zei de man snel, terwijl hij zich terugtrok om niet beledigd te worden.

« Je me demandais juste – ça me semblait un peu trop lourd. »

"Ik vroeg het me alleen af, het leek me gewoon een beetje te topzwaar."

Charles se détourna et attacha la charge du mieux qu'il put.

Charles draaide zich om en bond de lading zo goed mogelijk vast.

Mais les attaches étaient lâches et l'emballage mal fait dans l'ensemble.

Maar de bevestigingen zaten los en de verpakking was over het geheel genomen slecht uitgevoerd.

« Bien sûr, les chiens tireront ça toute la journée », a dit un autre homme avec sarcasme.

"Ja hoor, de honden trekken daar de hele dag aan", zei een andere man sarcastisch.

« Bien sûr », répondit froidement Hal en saisissant le long mât du traîneau.

"Natuurlijk," antwoordde Hal koud, terwijl hij de lange stok van de slee greep.

D'une main sur le poteau, il faisait tournoyer le fouet dans l'autre.

Met één hand op de paal zwaaide hij met de andere hand de zweep.

« Allons-y ! » cria-t-il. « Allez ! » exhortant les chiens à démarrer.

"Kom op!" riep hij. "Schuif op!" en spoorde de honden aan om te beginnen.

Les chiens se sont penchés sur le harnais et ont tendu pendant quelques instants.

De honden leunden een paar ogenblikken tegen het tuig aan en spanden zich in.

Puis ils s'arrêtèrent, incapables de déplacer d'un pouce le traîneau surchargé.

Toen stopten ze, ze konden de overbelaste slee geen centimeter bewegen.

« Ces brutes paresseuses ! » hurla Hal en levant le fouet pour les frapper.

"Die luie beesten!" schreeuwde Hal, terwijl hij de zweep ophief om ze te slaan.

Mais Mercedes s'est précipitée et a saisi le fouet des mains de Hal.

Maar Mercedes stormde naar binnen en greep de zweep uit Hals handen.

« Oh, Hal, n'ose pas leur faire de mal », s'écria-t-elle, alarmée.

"Oh, Hal, durf ze geen pijn te doen," riep ze geschrokken.

« Promets-moi que tu seras gentil avec eux, sinon je n'irai pas plus loin. »

"Beloof me dat je aardig voor ze zult zijn, anders ga ik geen stap verder."

« Tu ne connais rien aux chiens », lança Hal à sa sœur.

"Jij weet helemaal niets over honden," snauwde Hal tegen zijn zus.

« Ils sont paresseux, et la seule façon de les déplacer est de les fouetter. »

"Ze zijn lui, en de enige manier om ze te verplaatsen is door ze te geselen."

« Demandez à n'importe qui, demandez à l'un de ces hommes là-bas si vous doutez de moi. »

"Vraag het maar aan iemand - vraag het maar aan een van die mannen daar als je aan mij twijfelt."

Mercedes regarda les spectateurs avec des yeux suppliants et pleins de larmes.

Mercedes keek de omstanders met smekende, betraande ogen aan.

Son visage montrait à quel point elle détestait la vue de la douleur.

Haar gezicht liet zien hoe verschrikkelijk ze het vond om pijn te zien.

« Ils sont faibles, c'est tout », dit un homme. « Ils sont épuisés. »

"Ze zijn zwak, dat is alles," zei een man. "Ze zijn versleten."

« Ils ont besoin de repos, ils ont travaillé trop longtemps sans pause. »

"Ze hebben rust nodig, ze hebben te lang zonder pauze gewerkt."

« Que le repos soit maudit », murmura Hal, la lèvre retroussée.

"Vervloekt zij," mompelde Hal met een opgetrokken lip.

Mercedes haleta, clairement peinée par ce mot grossier de sa part.

Mercedes snakte naar adem. Het was duidelijk dat ze gekwetst was door zijn grove taal.

Pourtant, elle est restée loyale et a immédiatement défendu son frère.

Toch bleef ze loyaal en verdedigde ze haar broer meteen.

« Ne fais pas attention à cet homme », dit-elle à Hal. « Ce sont nos chiens. »

"Trek je niets aan van die man," zei ze tegen Hal. "Het zijn onze honden."

« Vous les conduisez comme bon vous semble, faites ce que vous pensez être juste. »

"Je rijdt ermee zoals je wilt, doe wat je denkt dat juist is."

Hal leva le fouet et frappa à nouveau les chiens sans pitié.

Hal hief de zweep en sloeg de honden opnieuw genadeloos.

Ils se sont précipités en avant, le corps bas, les pieds poussant dans la neige.

Ze sprongen naar voren, met hun lichamen laag bij de grond en hun voeten in de sneeuw.

Toutes leurs forces étaient utilisées pour tirer, mais le traîneau ne bougeait pas.

Ze zetten al hun kracht in om te trekken, maar de slee kwam niet van zijn plaats.

Le traîneau est resté coincé, comme une ancre figée dans la neige tassée.

De slee bleef vastzitten, als een anker vastgevroren in de vastgevroren sneeuw.

Après un deuxième effort, les chiens s'arrêtèrent à nouveau, haletants.

Na een tweede poging stopten de honden opnieuw, hijgend.

Hal leva à nouveau le fouet, juste au moment où Mercedes intervenait à nouveau.

Hal hief de zweep opnieuw op, net toen Mercedes opnieuw tussenbeide kwam.

Elle tomba à genoux devant Buck et lui serra le cou.

Ze viel op haar knieën voor Buck en sloeg haar armen om zijn nek.

Les larmes lui montèrent aux yeux tandis qu'elle suppliait le chien épuisé.

Tranen vulden haar ogen terwijl ze de uitgeputte hond smeekte.

« Pauvres chéris », dit-elle, « pourquoi ne tirez-vous pas plus fort ? »

"Jullie arme kinderen," zei ze, "waarom trekken jullie niet gewoon harder?"

« Si tu tires, tu ne seras pas fouetté comme ça. »

"Als je trekt, word je niet zo geslagen."

Buck n'aimait pas Mercedes, mais il était trop fatigué pour lui résister maintenant.

Buck had een hekel aan Mercedes, maar hij was te moe om haar nu nog te weerstaan.

Il accepta ses larmes comme une simple partie de cette journée misérable.

Hij accepteerde haar tranen als gewoon onderdeel van de ellendige dag.

L'un des hommes qui regardaient a finalement parlé après avoir retenu sa colère.

Een van de toekijkende mannen sprak eindelijk, nadat hij zijn woede had ingehouden.

« Je me fiche de ce qui vous arrive, mais ces chiens comptent. »

"Het kan me niet schelen wat er met jullie gebeurt, maar die honden zijn belangrijk."

« Si vous voulez aider, détachez ce traîneau, il est gelé dans la neige. »

"Als je wilt helpen, maak dan die slee los - hij zit vastgevroren aan de sneeuw."

« Appuyez fort sur la perche, à droite et à gauche, et brisez le sceau de glace. »

"Druk hard op de gee-paal, rechts en links, en breek de ijsafdichting."

Une troisième tentative a été faite, cette fois-ci suite à la suggestion de l'homme.

Er werd een derde poging gedaan, ditmaal op voorstel van de man.

Hal a balancé le traîneau d'un côté à l'autre, libérant les patins.

Hal wiebelde de slee heen en weer, waardoor de glijders loskwamen.

Le traîneau, bien que surchargé et maladroit, a finalement fait un bond en avant.

De slee, hoewel overbelast en onhandig, kwam uiteindelijk met een schok vooruit.

Buck et les autres tiraient sauvagement, poussés par une tempête de coups de fouet.

Buck en de anderen trokken wild, voortgedreven door een stortvloed aan zweepslagen.

Une centaine de mètres plus loin, le sentier courbait et descendait en pente dans la rue.

Honderd meter verderop liep het pad schuin af de straat in.

Il aurait fallu un conducteur expérimenté pour maintenir le traîneau droit.

Het zal een bekwame bestuurder zijn geweest om de slee rechtop te houden.

Hal n'était pas habile et le traîneau a basculé en tournant dans le virage.

Hal was niet zo ervaren, en de slee kantelde toen hij de bocht omging.

Les sangles lâches ont cédé et la moitié de la charge s'est répandue sur la neige.

Losse kabels lieten los en de helft van de lading belandde in de sneeuw.

Les chiens ne s'arrêtèrent pas ; le traîneau le plus léger volait sur le côté.

De honden bleven niet stoppen; de lichtere slee vloog op zijn kant verder.

En colère à cause des mauvais traitements et du lourd fardeau, les chiens couraient plus vite.

Boos door de mishandeling en de zware last, renden de honden nog harder.

Buck, furieux, s'est mis à courir, suivi par l'équipe.

Woedend begon Buck te rennen, gevolgd door het team.

Hal a crié « Whoa ! Whoa ! » mais l'équipe ne lui a pas prêté attention.

Hal riep "Whoa! Whoa!", maar het team schonk geen aandacht aan hem.

Il a trébuché, est tombé et a été traîné au sol par le harnais.

Hij struikelde, viel en werd aan het harnas over de grond gesleurd.

Le traîneau renversé l'a heurté tandis que les chiens couraient devant.

De omgevallen slee botste over hem heen terwijl de honden vooruit renden.

Le reste des fournitures est dispersé dans la rue animée de Skaguay.

De rest van de voorraden lagen verspreid over de drukke straten van Skaguay.

Des personnes au grand cœur se sont précipitées pour arrêter les chiens et rassembler le matériel.

Vriendelijke mensen schoten te hulp om de honden tegen te houden en de spullen in te pakken.

Ils ont également donné des conseils, directs et pratiques, aux nouveaux voyageurs.

Ze gaven de nieuwe reizigers ook direct en praktisch advies.

« Si vous voulez atteindre Dawson, prenez la moitié du chargement et doublez les chiens. »

"Als je Dawson wilt bereiken, neem dan de helft van de lading en het dubbele aantal honden."

Hal, Charles et Mercedes écoutaient, mais sans enthousiasme.

Hal, Charles en Mercedes luisterden, maar niet met enthousiasme.

Ils ont installé leur tente et ont commencé à trier leurs provisions.

Ze zetten hun tent op en begonnen hun spullen te sorteren.

Des conserves sont sorties, ce qui a fait rire les spectateurs.

Er kwam blikvoer tevoorschijn, wat de omstanders hardop deed lachen.

« Des conserves sur le sentier ? Tu vas mourir de faim avant qu'elles ne fondent », a dit l'un d'eux.

"Ingeblikt voedsel op de route? Je zult verhongeren voordat dat smelt," zei een van hen.

« Des couvertures d'hôtel ? Tu ferais mieux de toutes les jeter. »

Hoteldekens? Je kunt ze beter allemaal weggooien.

« Laissez tomber la tente aussi, et personne ne fait la vaisselle ici. »

"Verlaat ook de tent, en niemand wast hier af."

« Tu crois que tu voyages dans un train Pullman avec des domestiques à bord ? »

"Denk je dat je in een Pullman-trein zit met bedienden aan boord?"

Le processus a commencé : chaque objet inutile a été jeté de côté.

Het proces begon: alle nutteloze voorwerpen werden aan de kant gegooid.

Mercedes a pleuré lorsque ses sacs ont été vidés sur le sol enneigé.

Mercedes huilde toen haar tassen op de besneeuwde grond werden leeggemaakt.

Elle sanglotait sur chaque objet jeté, un par un, sans pause.

Ze snikte bij elk voorwerp dat ze weggooide, één voor één, zonder ophouden.

Elle jura de ne plus faire un pas de plus, même pas pendant dix Charles.

Ze beloofde geen stap meer te zetten, zelfs niet voor tien Charleses.

Elle a supplié chaque personne à proximité de la laisser garder ses objets précieux.

Ze smeekte iedereen in de buurt om haar dierbare bezittingen te mogen houden.

Finalement, elle s'essuya les yeux et commença à jeter même les vêtements essentiels.

Uiteindelijk veegde ze haar ogen af en begon zelfs de belangrijkste kleren weg te gooien.

Une fois les siennes terminées, elle commença à vider les provisions des hommes.

Toen ze klaar was met haar eigen spullen, begon ze de voorraden van de mannen leeg te halen.

Comme un tourbillon, elle a déchiré les affaires de Charles et Hal.

Als een wervelwind scheurde ze door de spullen van Charles en Hal.

Même si la charge était réduite de moitié, elle était encore bien plus lourde que nécessaire.

Hoewel de lading gehalveerd was, was deze nog steeds veel zwaarder dan nodig.

Cette nuit-là, Charles et Hal sont sortis et ont acheté six nouveaux chiens.

Die avond gingen Charles en Hal op stap en kochten zes nieuwe honden.

Ces nouveaux chiens ont rejoint les six originaux, plus Teek et Koona.

Deze nieuwe honden voegden zich bij de oorspronkelijke zes, plus Teek en Koona.

Ensemble, ils formaient une équipe de quatorze chiens attelés au traîneau.

Samen vormden ze een team van veertien honden, die voor de slee werden gespannen.

Mais les nouveaux chiens n'étaient pas aptes et mal entraînés au travail en traîneau.

Maar de nieuwe honden waren ongeschikt en slecht getraind voor sledewerk.

Trois des chiens étaient des pointeurs à poil court et un était un Terre-Neuve.

Drie van de honden waren kortharige staande honden en één was een Newfoundlander.

Les deux derniers chiens étaient des bâtards sans race ni objectif clairement définis.

De laatste twee honden waren bastaarden, waarvan geen enkel ras of doel duidelijk was.

Ils n'ont pas compris le sentier et ne l'ont pas appris rapidement.

Ze begrepen het pad niet en ze leerden het niet snel.

Buck et ses compagnons les regardaient avec mépris et une profonde irritation.

Buck en zijn maten keken hen met minachting en diepe irritatie aan.

Bien que Buck leur ait appris ce qu'il ne fallait pas faire, il ne pouvait pas leur enseigner le devoir.

Buck leerde hun wat ze niet moesten doen, maar hij kon ze niet leren wat plicht was.

Ils n'ont pas bien supporté la vie sur les sentiers ni la traction des rênes et des traîneaux.

Ze konden niet goed overweg met het leven op de trail en met de trekkracht van teugels en sleden.

Seuls les bâtards essayaient de s'adapter, et même eux manquaient d'esprit combatif.

Alleen de bastaarden probeerden zich aan te passen, en zelfs zij misten vechtlust.

Les autres chiens étaient confus, affaiblis et brisés par leur nouvelle vie.

De andere honden waren in de war, verzwakt en gebroken door hun nieuwe leven.

Les nouveaux chiens étant désemparés et les anciens épuisés, l'espoir était mince.

De nieuwe honden wisten het niet en de oude waren uitgeput, dus er was weinig hoop.

L'équipe de Buck avait parcouru deux mille cinq cents kilomètres de sentiers difficiles.

Bucks team had ruim 4000 kilometer aan ruig parcours afgelegd.

Pourtant, les deux hommes étaient joyeux et fiers de leur grande équipe de chiens.

Toch waren de twee mannen vrolijk en trots op hun grote hondenspan.

Ils pensaient voyager avec style, avec quatorze chiens attelés.

Ze dachten dat ze in stijl reisden, met veertien honden aan boord.

Ils avaient vu des traîneaux partir pour Dawson, et d'autres en arriver.

Ze hadden sleeën naar Dawson zien vertrekken, en er kwamen er ook andere aan.

Mais ils n'en avaient jamais vu un tiré par quatorze chiens.

Maar ze hadden nog nooit gezien dat een dier door veertien honden werd voortgetrokken.

Il y avait une raison pour laquelle de telles équipes étaient rares dans la nature sauvage de l'Arctique.

Er was een reden waarom zulke teams zeldzaam waren in de wildernis van het Noordpoolgebied.

Aucun traîneau ne pouvait transporter suffisamment de nourriture pour nourrir quatorze chiens pendant le voyage.

Geen enkele slee kon genoeg voedsel vervoeren om veertien honden tijdens de reis te voeden.

Mais Charles et Hal ne le savaient pas : ils avaient fait le calcul.

Maar Charles en Hal wisten dat niet; ze hadden het al berekend.

Ils ont planifié la nourriture : tant par chien, tant de jours, et c'est fait.

Ze berekenden het eten: zoveel per hond, zoveel dagen, en klaar.

Mercedes regarda leurs chiffres et hocha la tête comme si cela avait du sens.

Mercedes keek naar de cijfers en knikte alsof het logisch was.

Tout cela lui semblait très simple, du moins sur le papier.

Het leek haar allemaal heel eenvoudig, althans op papier.

Le lendemain matin, Buck conduisit lentement l'équipe dans la rue enneigée.

De volgende morgen leidde Buck het team langzaam door de besneeuwde straat.

Il n'y avait aucune énergie ni aucun esprit en lui ou chez les chiens derrière lui.

Er zat geen energie of enthousiasme in hem en de honden achter hem.

Ils étaient épuisés dès le départ, il n'y avait plus de réserve.

Ze waren vanaf het begin al doodop, er was geen reserve meer over.

Buck avait déjà effectué quatre voyages entre Salt Water et Dawson.

Buck had al vier keer tussen Salt Water en Dawson gereisd.

Maintenant, confronté à nouveau à la même épreuve, il ne ressentait que de l'amertume.

Nu hij hetzelfde pad weer moest bewandelen, voelde hij niets dan bitterheid.

Son cœur n'y était pas, ni celui des autres chiens.

Zijn hart was er niet bij, en dat gold ook voor de harten van de andere honden.

Les nouveaux chiens étaient timides et les huskies manquaient totalement de confiance.

De nieuwe honden waren schuw en de husky's hadden geen enkel vertrouwen.

Buck sentait qu'il ne pouvait pas compter sur ces deux hommes ou sur leur sœur.

Buck voelde dat hij niet op deze twee mannen of hun zus kon vertrouwen.

Ils ne savaient rien et ne montraient aucun signe d'apprentissage sur le sentier.

Ze wisten niets en gaven op het pad geen enkel teken van kennis.

Ils étaient désorganisés et manquaient de tout sens de la discipline.

Ze waren ongeorganiseerd en hadden geen enkel gevoel voor discipline.

Il leur fallait à chaque fois la moitié de la nuit pour monter un campement bâclé.

Ze waren elke keer de halve nacht bezig om een slordig kamp op te zetten.

Et ils passèrent la moitié de la matinée suivante à tâtonner à nouveau avec le traîneau.

En de helft van de volgende ochtend waren ze weer aan het klooien met de slee.

À midi, ils s'arrêtaient souvent juste pour réparer la charge inégale.

Tegen de middag stopten ze vaak even om de ongelijkmatige lading te repareren.

Certains jours, ils parcouraient moins de dix milles au total.

Op sommige dagen legden ze in totaal minder dan 16 kilometer af.

D'autres jours, ils ne parvenaient pas du tout à quitter le camp.

Op andere dagen lukte het hen helemaal niet om het kamp te verlaten.

Ils n'ont jamais réussi à couvrir la distance alimentaire prévue.

Ze hebben bij lange na niet de geplande voedselafstand kunnen overbruggen.

Comme prévu, ils ont très vite manqué de nourriture pour les chiens.

Zoals verwacht was er al snel te weinig voer voor de honden.

Ils ont aggravé la situation en les suralimentant au début.

Ze maakten de situatie erger door in het begin te veel te voeren.

À chaque ration négligée, la famine se rapprochait.

Met elke onzorgvuldige rantsoenering kwam de hongersnood dichterbij.

Les nouveaux chiens n'avaient pas appris à survivre avec très peu.

De nieuwe honden hadden nog niet geleerd om met heel weinig te overleven.

Ils mangeaient avec faim, avec un appétit trop grand pour le sentier.

Ze aten hongerig, hun eetlust was te groot voor de tocht.

Voyant les chiens s'affaiblir, Hal pensait que la nourriture n'était pas suffisante.

Toen Hal zag dat de honden zwakker werden, vond hij dat het eten niet genoeg was.

Il a doublé les rations, rendant l'erreur encore pire.

Hij verdubbelde de rantsoenen en maakte de fout daardoor nog erger.

Mercedes a aggravé le problème avec ses larmes et ses douces supplications.

Mercedes maakte het probleem nog groter met tranen en zachte smeekbeden.

Comme elle n'arrivait pas à convaincre Hal, elle nourrissait les chiens en secret.

Toen ze Hal niet kon overtuigen, gaf ze in het geheim de honden te eten.

Elle a volé des sacs de poissons et les leur a donnés dans son dos.

Ze stal iets uit de zakken met vis en gaf het achter zijn rug om aan hen.

Mais ce dont les chiens avaient réellement besoin, ce n'était pas de plus de nourriture, mais de repos.

Maar wat de honden werkelijk nodig hadden was niet meer eten, maar rust.

Ils progressaient mal, mais le lourd traîneau continuait à avancer.

Ze reden niet hard, maar de zware slee sleepte zich voort.

Ce poids à lui seul épuisait chaque jour leurs forces restantes.

Alleen al dat gewicht putte hun laatste krachten uit.

Puis vint l'étape de la sous-alimentation, les réserves s'épuisant.

Toen kwam de fase van ondervoeding, omdat de voorraden schaarser werden.

Un matin, Hal s'est rendu compte que la moitié de la nourriture pour chien avait déjà disparu.

Op een ochtend realiseerde Hal zich dat de helft van het hondenvoer al op was.

Ils n'avaient parcouru qu'un quart de la distance totale du sentier.

Ze hadden pas een kwart van de totale afstand van het pad afgelegd.

On ne pouvait plus acheter de nourriture, quel que soit le prix proposé.

Er kon geen voedsel meer gekocht worden, welke prijs er ook geboden werd.

Il a réduit les portions des chiens en dessous de la ration quotidienne standard.

Hij verlaagde de porties voor de honden tot onder de dagelijkse standaardrantsoenering.

Dans le même temps, il a exigé des voyages plus longs pour compenser la perte.

Tegelijkertijd eiste hij een langere reis om het verlies te compenseren.

Mercedes et Charles ont soutenu ce plan, mais ont échoué dans son exécution.

Mercedes en Charles steunden dit plan, maar de uitvoering mislukte.

Leur lourd traîneau et leur manque de compétences rendaient la progression presque impossible.

Hun zware slee en gebrek aan vaardigheid maakten vooruitgang vrijwel onmogelijk.

Il était facile de donner moins de nourriture, mais impossible de forcer plus d'efforts.

Het was gemakkelijk om minder voedsel te geven, maar onmogelijk om meer inspanning te leveren.

Ils ne pouvaient pas commencer plus tôt, ni voyager pendant des heures supplémentaires.

Ze konden niet eerder beginnen en ook niet extra uren reizen.

Ils ne savaient pas comment travailler les chiens, ni eux-mêmes d'ailleurs.

Ze wisten niet hoe ze met de honden moesten omgaan, en ze wisten ook niet hoe ze met zichzelf om moesten gaan.

Le premier chien à mourir était Dub, le voleur malchanceux mais travailleur.

De eerste hond die stierf was Dub, de ongelukkige maar hardwerkende dief.

Bien que souvent puni, Dub avait fait sa part sans se plaindre.

Hoewel Dub vaak werd gestraft, had hij zonder te klagen zijn steentje bijgedragen.

Son épaule blessée s'est aggravée sans qu'il soit nécessaire de prendre soin de lui et de se reposer.

Zijn geblesseerde schouder werd erger als hij niet verzorgd werd en geen rust kreeg.

Finalement, Hal a utilisé le revolver pour mettre fin aux souffrances de Dub.

Uiteindelijk gebruikte Hal de revolver om Dubs lijden te beëindigen.

Un dicton courant dit que les chiens normaux meurent à cause des rations de husky.

Er bestaat een bekend gezegde dat normale honden sterven van husky-rantsoenen.

Les six nouveaux compagnons de Buck n'avaient que la moitié de la part de nourriture du husky.

De zes nieuwe metgezellen van Buck kregen slechts de helft van het voedsel van de husky.

Le Terre-Neuve est mort en premier, puis les trois braques à poil court.

De Newfoundlander stierf als eerste, daarna de drie kortharige staande honden.

Les deux bâtards résistèrent plus longtemps mais finirent par périr comme les autres.

De twee bastaarden hielden het langer vol maar gingen uiteindelijk, net als de rest, ten onder.

À cette époque, toutes les commodités et la douceur du Southland avaient disparu.

Op dat moment waren alle gemakken en de zachtheid van het Zuiden verdwenen.

Les trois personnes avaient perdu les dernières traces de leur éducation civilisée.

De drie personen hadden de laatste resten van hun beschaafde opvoeding afgelegd.

Dépouillé de glamour et de romantisme, le voyage dans l'Arctique est devenu brutalement réel.

Zonder enige glamour en romantiek werd reizen naar het Noordpoolgebied een brute realiteit.

C'était une réalité trop dure pour leur sens de la virilité et de la féminité.

Het was een realiteit die te hard was voor hun gevoel van mannelijkheid en vrouwelijkheid.

Mercedes ne pleurait plus pour les chiens, mais maintenant elle pleurait seulement pour elle-même.

Mercedes huilde niet langer om de honden, maar alleen nog om zichzelf.

Elle passait son temps à pleurer et à se disputer avec Hal et Charles.

Ze bracht haar tijd huilend en ruziemakend met Hal en Charles door.

Se disputer était la seule chose qu'ils n'étaient jamais trop fatigués de faire.

Ruziemaken was het enige waar ze nooit te moe voor waren.

Leur irritabilité provenait de la misère, grandissait avec elle et la surpassait.

Hun prikkelbaarheid ontstond uit ellende, groeide ermee en overwon het.

La patience du sentier, connue de ceux qui peinent et souffrent avec bienveillance, n'est jamais venue.

Het geduld van de tocht, dat alleen zij kennen die hard werken en mild lijden, kwam nooit.

Cette patience, qui garde la parole douce malgré la douleur, leur était inconnue.

Dat geduld, dat het spreken zoet houdt ondanks de pijn, was hen onbekend.

Ils n'avaient aucune trace de patience, aucune force tirée de la souffrance avec grâce.

Ze hadden geen enkel spoor van geduld, geen kracht geput uit het met gratie lijden.

Ils étaient raides de douleur : leurs muscles, leurs os et leur cœur étaient douloureux.

Ze waren stijf van de pijn, het voelde pijn in hun spieren, botten en hart.

À cause de cela, ils devinrent acerbes et prompts à prononcer des paroles dures.

Daardoor werden ze scherp van tong en snel met harde woorden.

Chaque jour commençait et se terminait par des voix en colère et des plaintes amères.

Elke dag begon en eindigde met boze stemmen en bittere klachten.

Charles et Hal se disputaient chaque fois que Mercedes leur en donnait l'occasion.

Charles en Hal begonnen te ruziën wanneer Mercedes hen de kans gaf.

Chaque homme estimait avoir fait plus que sa juste part du travail.

Beide mannen waren ervan overtuigd dat zij meer dan hun eerlijke deel van het werk hadden gedaan.

Aucun des deux n'a jamais manqué une occasion de le dire, encore et encore.

En ze lieten allebei geen kans onbenut om dat steeds weer te zeggen.

Parfois, Mercedes se rangeait du côté de Charles, parfois du côté de Hal.

Soms koos Mercedes de kant van Charles, soms die van Hal.

Cela a conduit à une grande et interminable querelle entre les trois.

Dit leidde tot een grote, eindeloze ruzie tussen de drie.

Une dispute sur la question de savoir qui devait couper le bois de chauffage est devenue incontrôlable.

Er ontstond een dispuut over wie het brandhout mocht hakken.

Bientôt, les pères, les mères, les cousins et les parents décédés ont été nommés.

Al snel werden ook de namen van vaders, moeders, neven, nichten en overleden familieleden genoemd.

Les opinions de Hal sur l'art ou les pièces de son oncle sont devenues partie intégrante du combat.

De mening van Hal over kunst of de toneelstukken van zijn oom speelden een rol in de strijd.

Les convictions politiques de Charles sont également entrées dans le débat.

Ook de politieke opvattingen van Karel kwamen ter sprake.

Pour Mercedes, même les ragots de la sœur de son mari semblaient pertinents.

Voor Mercedes leken zelfs de roddels van de zus van haar man relevant.

Elle a exprimé son opinion sur ce sujet et sur les nombreux défauts de la famille de Charles.

Ze uitte haar mening hierover en over veel van de gebreken van Charles' familie.

Pendant qu'ils se disputaient, le feu restait éteint et le camp à moitié monté.

Terwijl ze ruzieden, bleef het vuur uit en het kamp half bezet.

Pendant ce temps, les chiens restaient froids et sans nourriture.

Ondertussen bleven de honden koud en zonder voedsel.

Mercedes avait un grief qu'elle considérait comme profondément personnel.

Mercedes koesterde een grief die zij als zeer persoonlijk beschouwde.

Elle se sentait maltraitée en tant que femme, privée de ses doux privilèges.

Ze voelde zich als vrouw slecht behandeld en haar privileges werden haar ontzegd.

Elle était jolie et douce, et habituée à la chevalerie toute sa vie.

Ze was mooi en zacht, en was haar hele leven hoffelijk.

Mais son mari et son frère la traitaient désormais avec impatience.

Maar haar man en broer behandelden haar nu met ongeduld.

Elle avait pour habitude d'agir comme si elle était impuissante, et ils commencèrent à se plaindre.

Ze had de gewoonte zich hulpeloos te gedragen en ze begonnen te klagen.

Offensée par cela, elle leur rendit la vie encore plus difficile.

Ze voelde zich hierdoor beledigd en maakte hun leven alleen maar moeilijker.

Elle a ignoré les chiens et a insisté pour conduire elle-même le traîneau.

Ze negeerde de honden en stond erop zelf op de slee te rijden.

Bien que légère en apparence, elle pesait cent vingt livres.

Hoewel ze er licht uitzag, woog ze 48 kilo.

Ce fardeau supplémentaire était trop lourd pour les chiens affamés et faibles.

Die extra last was te zwaar voor de uitgehongerde, zwakke honden.

Elle a continué à monter pendant des jours, jusqu'à ce que les chiens s'effondrent sous les rênes.

Toch bleef ze dagenlang rijden, totdat de honden het begaven in de teugels.

Le traîneau s'arrêta et Charles et Hal la supplièrent de marcher.

De slee bleef stilstaan en Charles en Hal smeekten haar om te lopen.

Ils la supplièrent et la supplièrent, mais elle pleura et les traita de cruels.

Ze smeekten en smeekten, maar zij huilde en noemde hen wreed.

À une occasion, ils l'ont tirée du traîneau avec force et colère.

Op een gegeven moment trokken ze haar met grote kracht en woede van de slee.

Ils n'ont plus jamais essayé après ce qui s'est passé cette fois-là.

Na wat er toen gebeurde, hebben ze het nooit meer geprobeerd.

Elle devint molle comme un enfant gâté et s'assit dans la neige.

Ze werd slap als een verwend kind en zat in de sneeuw.

Ils continuèrent leur chemin, mais elle refusa de se lever ou de les suivre.

Ze gingen verder, maar zij weigerde op te staan of haar te volgen.

Après trois milles, ils s'arrêtèrent, revinrent et la ramenèrent.

Na vijf kilometer stopten ze, keerden terug en droegen haar terug.

Ils l'ont rechargée sur le traîneau, en utilisant encore une fois la force brute.

Ze laadden haar weer op de slee, wederom met brute kracht.

Dans leur profonde misère, ils étaient insensibles à la souffrance des chiens.

In hun diepe ellende waren ze ongevoelig voor het lijden van de honden.

Hal croyait qu'il fallait s'endurcir et il a imposé cette croyance aux autres.

Hal geloofde dat je verhard moest worden en hij drong dat geloof ook aan anderen op.

Il a d'abord essayé de prêcher sa philosophie à sa sœur

Hij probeerde eerst zijn filosofie aan zijn zus te prediken

et puis, sans succès, il prêcha à son beau-frère.

en vervolgens preekte hij zonder succes tegen zijn zwager.

Il a eu plus de succès avec les chiens, mais seulement parce qu'il leur a fait du mal.

Hij had meer succes met de honden, maar dat kwam alleen doordat hij ze pijn deed.

Chez Five Fingers, la nourriture pour chiens est complètement épuisée.

Bij Five Fingers was het hondenvoer helemaal op.

Une vieille squaw édentée a vendu quelques kilos de peau de cheval congelée

Een tandeloze oude squaw verkocht een paar kilo bevroren paardenhuid

Hal a échangé son revolver contre la peau de cheval séchée.

Hal ruilde zijn revolver voor het gedroogde paardenhuid.

La viande provenait de chevaux affamés d'éleveurs de bétail des mois auparavant.

Het vlees was afkomstig van uitgehongerde paarden van veehouders die maanden eerder waren gestorven.

Gelée, la peau était comme du fer galvanisé ; dure et immangeable.

Bevroren leek het vel op gegalvaniseerd ijzer: taai en oneetbaar.

Les chiens devaient mâcher la peau sans fin pour la manger.

De honden moesten eindeloos op de huid kauwen om deze op te eten.

Mais les cordes en cuir et les cheveux courts n'étaient guère une nourriture.

Maar de leerachtige touwtjes en het korte haar waren nauwelijks voedsel.

La majeure partie de la peau était irritante et ne constituait pas véritablement de la nourriture.

Het grootste deel van de huid was irriterend en absoluut geen voedsel.

Et pendant tout ce temps, Buck titubait en tête, comme dans un cauchemar.

En ondanks alles bleef Buck strompelend vooraan lopen, als in een nachtmerrie.

Il tirait quand il le pouvait ; quand il ne le pouvait pas, il restait allongé jusqu'à ce qu'un fouet ou un gourdin le relève.

Als hij kon trekken, dan bleef hij liggen tot hij met een zweep of knuppel werd opgetild.

Son pelage fin et brillant avait perdu toute sa rigidité et son éclat d'autrefois.

Zijn mooie, glanzende vacht was volledig stijf en glanzend geworden.

Ses cheveux pendaient, mous, en bataille et coagulés par le sang séché des coups.

Zijn haar hing slap en in de war, vol met opgedroogd bloed van de slagen.

Ses muscles se sont réduits à l'état de cordes et ses coussinets de chair étaient tous usés.

Zijn spieren krompen tot koorden en zijn vleeskussentjes waren allemaal weggesleten.

Chaque côte, chaque os apparaissait clairement à travers les plis de la peau ridée.

Elke rib, elk bot was duidelijk zichtbaar door de plooien van de gerimpelde huid.

C'était déchirant, mais le cœur de Buck ne pouvait pas se briser.

Het was hartverscheurend, maar Bucks hart kon niet breken.

L'homme au pull rouge avait testé cela et l'avait prouvé il y a longtemps.

De man in de rode trui had dat al lang geleden getest en bewezen.

Comme ce fut le cas pour Buck, ce fut le cas pour tous ses coéquipiers restants.

En net als bij Buck, gold dat ook voor al zijn overgebleven teamgenoten.

Il y en avait sept au total, chacun étant un squelette ambulant de misère.

Er waren er in totaal zeven. Elk exemplaar was een wandelend skelet van ellende.

Ils étaient devenus insensibles au fouet, ne ressentant qu'une douleur lointaine.

Ze waren verdoofd door de zweepslagen en voelden alleen nog maar pijn in de verte.

Même la vue et le son leur parvenaient faiblement, comme à travers un épais brouillard.

Zelfs het zicht en het gehoor bereikten hen vaag, als door een dichte mist.

Ils n'étaient pas à moitié vivants : c'étaient des os avec de faibles étincelles à l'intérieur.

Ze waren niet half levend - het waren botten met vage vonken erin.

Lorsqu'ils s'arrêtèrent, ils s'effondrèrent comme des cadavres, leurs étincelles presque éteintes.

Toen ze tot stilstand kwamen, stortten ze in elkaar als lijken, de vonken waren bijna verdwenen.

Et lorsque le fouet ou le gourdin frappaient à nouveau, les étincelles voltigeaient faiblement.

En als de zweep of de knuppel weer sloeg, dan spatten de vonken er zachtjes vanaf.

Puis ils se levèrent, titubèrent en avant et traînèrent leurs membres en avant.

Toen stonden ze op, wankelden naar voren en sleepten hun ledematen vooruit.

Un jour, le gentil Billee tomba et ne put plus se relever du tout.

Op een dag viel lieve Billee en kon helemaal niet meer opstaan.

Hal avait échangé son revolver, alors il a utilisé une hache pour tuer Billee à la place.

Hal had zijn revolver geruild, dus gebruikte hij een bijl om Billee te doden.

Il le frappa à la tête, puis lui coupa le corps et le traîna.

Hij sloeg hem op het hoofd, sneed vervolgens zijn lichaam los en sleepte het weg.

Buck vit cela, et les autres aussi ; ils savaient que la mort était proche.

Buck zag dit, en de anderen ook; zij wisten dat de dood nabij was.

Le lendemain, Koona partit, ne laissant que cinq chiens dans l'équipe affamée.

De volgende dag vertrok Koona en liet slechts vijf honden achter in het uitgehongerde team.

Joe, qui n'était plus méchant, était trop loin pour se rendre compte de quoi que ce soit.

Joe, die niet langer gemeen was, was te ver heen om zich nog ergens van bewust te zijn.

Pike, ne faisant plus semblant d'être blessé, était à peine conscient.

Pike veinsde niet langer dat hij gewond was en was nauwelijks bij bewustzijn.

Solleks, toujours fidèle, se lamentait de ne plus avoir de force à donner.

Solleks, die nog steeds trouw was, betreurde dat hij geen kracht meer had om te geven.

Teek a été le plus battu parce qu'il était plus frais, mais qu'il s'estompait rapidement.

Teek werd het vaakst verslagen omdat hij frisser was, maar hij ging snel achteruit.

Et Buck, toujours en tête, ne maintenait plus l'ordre ni ne le faisait respecter.

En Buck, die nog steeds aan kop lag, hield de orde niet meer in stand en handhaafde die ook niet meer.

À moitié aveugle à cause de sa faiblesse, Buck suivit la piste au toucher seul.

Buck was half blind door zwakte en volgde het spoor alleen op gevoel.

C'était un beau temps printanier, mais aucun d'entre eux ne l'a remarqué.

Het was prachtig lenteweer, maar niemand merkte dat.

Chaque jour, le soleil se levait plus tôt et se couchait plus tard qu'avant.

Elke dag kwam de zon eerder op en ging later onder dan voorheen.

À trois heures du matin, l'aube était arrivée ; le crépuscule durait jusqu'à neuf heures.

Om drie uur in de ochtend begon het te schemeren. Het bleef tot negen uur schemeren.

Les longues journées étaient remplies du plein soleil printanier.

De lange dagen werden gevuld met de volle gloed van de lentezon.

Le silence fantomatique de l'hiver s'était transformé en un murmure chaleureux.

De spookachtige stilte van de winter was veranderd in een warm gemompel.

Toute la terre s'éveillait, animée par la joie des êtres vivants.

Het hele land ontwaakte, vol vreugde van levende wezens.

Le bruit provenait de ce qui était resté mort et immobile pendant l'hiver.

Het geluid kwam van wat de hele winter dood en stil had gelegen.

Maintenant, ces choses bougeaient à nouveau, secouant le long sommeil de gel.

Nu bewogen de dingen weer en schudden de lange vorstslaap van zich af.

La sève montait à travers les troncs sombres des pins en attente.

Sap steeg op door de donkere stammen van de wachtende dennenbomen.

Les saules et les trembles font apparaître de jeunes bourgeons brillants sur chaque brindille.

Wilgen en espen krijgen aan elk twijgje jonge, helder gekleurde knoppen.

Les arbustes et les vignes se parent d'un vert frais tandis que les bois prennent vie.

Struiken en wijnranken kleurden frisgroen toen het bos tot leven kwam.

Les grillons chantaient la nuit et les insectes rampaient au soleil.

's Nachts tjirpten krekels en overdag kropen insecten in de zon.

Les perdrix résonnaient et les pics frappaient profondément dans les arbres.

Patrijzen schreeuwden en spechten klopten diep in de bomen.

Les écureuils bavardaient, les oiseaux chantaient et les oies klaxonnaient au-dessus des chiens.

Eekhoorns kwetterden, vogels zongen en ganzen jaagden op de honden.

Les oiseaux sauvages arrivaient en groupes serrés, volant vers le haut depuis le sud.

De wilde vogels kwamen in scherpe wiggen aanvliegen vanuit het zuiden.

De chaque colline venait la musique des ruisseaux cachés et impétueux.

Van iedere heuvel klonk de muziek van verborgen, stromende beekjes.

Toutes choses ont dégelé et se sont brisées, se sont pliées et ont repris leur mouvement.

Alles ontdooide en knapte, boog door en kwam weer in beweging.

Le Yukon s'efforçait de briser les chaînes de froid de la glace gelée.

De Yukon deed zijn best om de koudeketens van bevroren ijs te verbreken.

La glace fondait en dessous, tandis que le soleil la faisait fondre par le dessus.

Het ijs smolt aan de onderkant, terwijl de zon het aan de bovenkant deed smelten.

Des trous d'aération se sont ouverts, des fissures se sont propagées et des morceaux sont tombés dans la rivière.

Er ontstonden luchtgaten, er ontstonden scheuren en stukken materiaal vielen in de rivier.

Au milieu de toute cette vie débordante et flamboyante, les voyageurs titubaient.

Te midden van al dit bruisende en brandende leven, waggelden de reizigers.

Deux hommes, une femme et une meute de huskies marchaient comme des morts.

Twee mannen, een vrouw en een roedel husky's liepen als doden.

Les chiens tombaient, Mercedes pleurait, mais continuait à conduire le traîneau.

De honden vielen, Mercedes huilde, maar bleef toch op de slee rijden.

Hal jura faiblement et Charles cligna des yeux à travers ses yeux larmoyants.

Hal vloekte zwakjes en Charles knipperde met zijn tranende ogen.

Ils tombèrent sur le camp de John Thornton à l'embouchure de la rivière White.

Ze kwamen het kamp van John Thornton tegen bij de monding van de White River.

Lorsqu'ils s'arrêtèrent, les chiens s'effondrèrent, comme s'ils étaient tous morts.

Toen ze stopten, vielen de honden plat op de grond, alsof ze allemaal dood waren.

Mercedes essuya ses larmes et regarda John Thornton.

Mercedes veegde haar tranen weg en keek naar John Thornton.

Charles s'assit sur une bûche, lentement et raidement, souffrant du sentier.

Charles zat traag en stijf op een boomstam, met pijn van het pad.

Hal parlait pendant que Thornton sculptait l'extrémité d'un manche de hache.

Hal voerde het woord terwijl Thornton het uiteinde van een bijlsteel uithakte.

Il taillait du bois de bouleau et répondait par des réponses brèves et fermes.

Hij sneed berkenhout en antwoordde met korte, krachtige antwoorden.

Lorsqu'on lui a demandé son avis, il a donné des conseils, certain qu'ils ne seraient pas suivis.

Toen hem ernaar werd gevraagd, gaf hij advies, ook al was hij er zeker van dat dit advies toch niet opgevolgd zou worden.

Hal a expliqué : « Ils nous ont dit que la glace du sentier disparaissait. »

Hal legde uit: "Ze vertelden ons dat het ijs op de paden aan het afnemen was."

« Ils ont dit que nous devions rester sur place, mais nous sommes arrivés à White River. »

"Ze zeiden dat we moesten blijven, maar we hebben White River bereikt."

Il a terminé sur un ton moqueur, comme pour crier victoire dans les difficultés.

Hij eindigde met een spottende toon, alsof hij de overwinning ondanks alle tegenslagen wilde claimen.

« Et ils t'ont dit la vérité », répondit doucement John Thornton à Hal.

"En ze hebben je de waarheid verteld," antwoordde John Thornton zachtjes aan Hal.

« La glace peut céder à tout moment, elle est prête à tomber. »

"Het ijs kan elk moment bezwijken – het staat op het punt eruit te vallen."

« Seuls un peu de chance et des imbéciles ont pu arriver jusqu'ici en vie. »

"Alleen blind geluk en dwazen hadden het zo ver kunnen schoppen."

« Je vous le dis franchement, je ne risquerais pas ma vie pour tout l'or de l'Alaska. »

"Ik zeg je eerlijk: ik zou mijn leven niet riskeren voor al het goud van Alaska."

« C'est parce que tu n'es pas un imbécile, je suppose », répondit Hal.

"Dat komt omdat je niet dom bent, denk ik," antwoordde Hal.

« Tout de même, nous irons à Dawson. » Il déroula son fouet.

"Maar goed, we gaan door naar Dawson." Hij rolde zijn zweep af.

« Monte là-haut, Buck ! Salut ! Debout ! Vas-y ! » cria-t-il durement.

"Kom daar, Buck! Hoi! Sta op! Ga door!" riep hij hard.

Thornton continuait à tailler, sachant que les imbéciles n'entendraient pas la raison.

Thornton bleef snijden, wetende dat dwazen niet naar rede luisteren.

Arrêter un imbécile était futile, et deux ou trois imbéciles ne changeaient rien.

Het was zinloos om een dwaas te stoppen, en twee of drie dwazen veranderden niets.

Mais l'équipe n'a pas bougé au son de l'ordre de Hal.

Maar het team kwam niet in beweging toen ze Hals bevel hoorden.

Désormais, seuls les coups pouvaient les faire se relever et avancer.

Nu konden ze alleen nog met klappen omhoog komen en vooruit worden getrokken.

Le fouet claquait encore et encore sur les chiens affaiblis.

De zweep sloeg steeds weer tegen de verzwakte honden.

John Thornton serra fermement ses lèvres et regarda en silence.

John Thornton klemde zijn lippen op elkaar en keek zwijgend toe.

Solleks fut le premier à se relever sous le fouet.

Solleks was de eerste die onder de zweep overeind kroop.

Puis Teek le suivit, tremblant. Joe poussa un cri en se relevant.

Toen volgde Teek, trillend. Joe gilde terwijl hij overeind kwam.

Pike a essayé de se relever, a échoué deux fois, puis est finalement resté debout, chancelant.

Pike probeerde overeind te komen, maar het lukte hem twee keer niet en uiteindelijk bleef hij wankel staan.

Mais Buck resta là où il était tombé, sans bouger du tout cette fois.

Maar Buck bleef liggen waar hij was gevallen, en bewoog deze keer helemaal niet.

Le fouet le frappait à plusieurs reprises, mais il ne faisait aucun bruit.

De zweep sloeg hem herhaaldelijk, maar hij maakte geen enkel geluid.

Il n'a pas bronché ni résisté, il est simplement resté immobile et silencieux.

Hij deinsde niet terug en verzette zich niet. Hij bleef gewoon stil en rustig.

Thornton remua plus d'une fois, comme pour parler, mais ne le fit pas.

Thornton bewoog zich meermaals, alsof hij wilde spreken, maar deed dat niet.

Ses yeux s'humidifièrent, et le fouet continuait à claquer contre Buck.

Zijn ogen werden vochtig en de zweep bleef tegen Buck knallen.

Finalement, Thornton commença à marcher lentement, ne sachant pas quoi faire.

Uiteindelijk begon Thornton langzaam heen en weer te lopen, onzeker over wat hij moest doen.

C'était la première fois que Buck échouait, et Hal devint furieux.

Het was de eerste keer dat Buck faalde en Hal werd woedend.

Il a jeté le fouet et a pris la lourde massue à la place.

Hij gooide de zweep neer en pakte in plaats daarvan de zware knuppel op.

Le gourdin en bois s'abattit violemment, mais Buck ne se releva toujours pas pour bouger.

De houten knuppel kwam hard neer, maar Buck kwam nog steeds niet overeind.

Comme ses coéquipiers, il était trop faible, mais plus que cela.

Net als zijn teamgenoten was hij te zwak, maar meer dan dat.

Buck avait décidé de ne pas bouger, quoi qu'il arrive.

Buck had besloten om niet te verhuizen, wat er ook zou gebeuren.

Il sentait quelque chose de sombre et de certain planer juste devant lui.

Hij voelde iets donkers en zekers vlak voor zich zweven.

Cette peur l'avait saisi dès qu'il avait atteint la rive du fleuve.

Die angst had hem bevangen zodra hij de oever van de rivier bereikte.

Cette sensation ne l'avait pas quitté depuis qu'il sentait la glace s'amincir sous ses pattes.

Het gevoel was niet meer verdwenen sinds hij het ijs onder zijn poten dun voelde worden.

Quelque chose de terrible l'attendait – il le sentait juste au bout du sentier.

Er stond hem iets verschrikkelijks te wachten. Hij voelde het verderop op het pad.

Il n'allait pas marcher vers cette terrible chose devant lui.

Hij zou niet naar dat vreselijke ding voor zich toe lopen

Il n'allait pas obéir à un quelconque ordre qui le conduirait à cette chose.

Hij zou geen enkel bevel opvolgen dat hem daarheen bracht.

La douleur des coups ne l'atteignait plus guère, il était trop loin.

De pijn van de slagen deed hem nauwelijks nog pijn; hij was te ver heen.

L'étincelle de vie vacillait faiblement, s'affaiblissant sous chaque coup cruel.

De vonk van het leven flikkerde zwakjes en doofde onder elke wrede klap.

Ses membres semblaient lointains ; tout son corps semblait appartenir à un autre.

Zijn ledematen voelden afstandelijk aan; zijn hele lichaam leek wel van iemand anders.

Il ressentit un étrange engourdissement alors que la douleur disparaissait complètement.

Hij voelde een vreemde verdoving terwijl de pijn volledig verdween.

De loin, il sentait qu'il était battu, mais il le savait à peine.

Hij voelde al van ver dat hij geslagen werd, maar hij besefte het nauwelijks.

Il pouvait entendre les coups sourds faiblement, mais ils ne faisaient plus vraiment mal.

Hij kon de doffe geluiden nog vaag horen, maar ze deden niet echt pijn meer.

Les coups ont porté, mais son corps ne semblait plus être le sien.

De klappen waren raak, maar zijn lichaam voelde niet langer als het zijne.

Puis, soudain, sans prévenir, John Thornton poussa un cri sauvage.

Toen, plotseling, zonder waarschuwing, gaf John Thornton een wilde kreet.

C'était inarticulé, plus le cri d'une bête que celui d'un homme.

Het klonk onverstaanbaar, meer als de schreeuw van een dier dan van een mens.

Il sauta sur l'homme avec la massue et renversa Hal en arrière.

Hij sprong op de man met de knuppel af en sloeg Hal achterover.

Hal vola comme s'il avait été frappé par un arbre, atterrissant durement sur le sol.

Hal vloog door de lucht alsof hij door een boom was geraakt en landde hard op de grond.

Mercedes a crié de panique et s'est agrippée au visage.

Mercedes schreeuwde luid van paniek en greep naar haar gezicht.

Charles se contenta de regarder, s'essuya les yeux et resta assis.

Charles keek alleen maar toe, veegde zijn tranen af en bleef zitten.

Son corps était trop raide à cause de la douleur pour se lever ou aider au combat.

Zijn lichaam was te stijf van de pijn om op te staan of mee te vechten.

Thornton se tenait au-dessus de Buck, tremblant de fureur, incapable de parler.

Thornton stond boven Buck, trillend van woede, en kon niet spreken.

Il tremblait de rage et luttait pour trouver sa voix à travers elle.

Hij beefde van woede en probeerde er zijn stem doorheen te vinden.

« Si tu frappes encore ce chien, je te tue », dit-il finalement.

"Als je die hond nog een keer slaat, maak ik je af," zei hij uiteindelijk.

Hal essuya le sang de sa bouche et s'avança à nouveau.

Hal veegde het bloed uit zijn mond en kwam weer naar voren.

« C'est mon chien », murmura-t-il. « Dégage, ou je te répare. »

"Het is mijn hond," mompelde hij. "Ga uit de weg, of ik maak je af."

« Je vais à Dawson, et vous ne m'en empêcherez pas », a-t-il ajouté.

"Ik ga naar Dawson, en jij houdt me niet tegen," voegde hij toe.

Thornton se tenait fermement entre Buck et le jeune homme en colère.

Thornton stond stevig tussen Buck en de boze jongeman.

Il n'avait aucune intention de s'écarter ou de laisser passer Hal.

Hij had niet de intentie om opzij te stappen of Hal te laten passeren.

Hal sortit son couteau de chasse, long et dangereux à la main.

Hal haalde zijn jachtmes tevoorschijn, lang en gevaarlijk in zijn hand.

Mercedes a crié, puis pleuré, puis ri dans une hystérie sauvage.

Mercedes schreeuwde, huilde en lachte toen uitzinnig van woede.

Thornton frappa la main de Hal avec le manche de sa hache, fort et vite.

Thornton sloeg Hal hard en snel met de steel van zijn bijl op zijn hand.

Le couteau s'est détaché de la main de Hal et a volé au sol.

Het mes schoot los uit Hals greep en vloog op de grond.

Hal essaya de ramasser le couteau, et Thornton frappa à nouveau ses jointures.

Hal probeerde het mes op te pakken, maar Thornton sloeg opnieuw met zijn knokkels.

Thornton se baissa alors, attrapa le couteau et le tint.

Toen boog Thornton zich voorover, pakte het mes en hield het vast.

D'un coup rapide de manche de hache, il coupa les rênes de Buck.

Met twee snelle klappen met de bijlsteel sneed hij Bucks teugels door.

Hal n'avait plus aucune résistance et s'éloigna du chien.

Hal had geen enkele strijdlust meer en deed een stap achteruit, weg van de hond.

De plus, Mercedes avait désormais besoin de ses deux bras pour se maintenir debout.

Bovendien had Mercedes nu beide armen nodig om overeind te blijven.

Buck était trop proche de la mort pour pouvoir à nouveau tirer un traîneau.

Buck was te dicht bij de dood om nog langer een slee te kunnen trekken.

Quelques minutes plus tard, ils se sont retirés et ont descendu la rivière.

Een paar minuten later vertrokken ze en voeren de rivier af.

Buck leva faiblement la tête et les regarda quitter la banque.

Buck hief zwakjes zijn hoofd op en keek toe hoe ze de oever verlieten.

Pike a mené l'équipe, avec Solleks à l'arrière dans la roue.

Pike leidde het team, met Solleks achteraan op de wielbasis.

Joe et Teek marchaient entre eux, tous deux boitant d'épuisement.

Joe en Teek liepen ertussen, beiden mank van vermoeidheid.

Mercedes s'assit sur le traîneau et Hal saisit le long mât.

Mercedes zat op de slee en Hal greep de lange gee-stok vast.

Charles trébuchait derrière, ses pas maladroits et incertains.

Charles strompelde achter hen aan, zijn stappen waren onhandig en onzeker.

Thornton s'agenouilla près de Buck et chercha doucement des os cassés.

Thornton knielde naast Buck en voelde voorzichtig naar gebroken botten.

Ses mains étaient rudes mais bougeaient avec gentillesse et attention.

Zijn handen waren ruw, maar hij bewoog ze met vriendelijkheid en zorg.

Le corps de Buck était meurtri mais ne présentait aucune blessure durable.

Bucks lichaam was gekneusd maar vertoonde geen blijvende schade.

Ce qui restait, c'était une faim terrible et une faiblesse quasi totale.

Wat overbleef was verschrikkelijke honger en bijna totale zwakte.

Au moment où cela fut clair, le traîneau était déjà loin en aval.

Tegen de tijd dat dit duidelijk werd, was de slee al een heel eind stroomafwaarts gevaren.

L'homme et le chien regardaient le traîneau ramper lentement sur la glace fissurée.

Man en hond keken toe hoe de slee langzaam over het krakende ijs kroop.

Puis, ils virent le traîneau s'enfoncer dans un creux.

Toen zagen ze de slee in een holte zakken.

Le mât s'est envolé, Hal s'y accrochant toujours en vain.

De paal vloog omhoog, terwijl Hal zich er nog steeds tevergeefs aan vastklampte.

Le cri de Mercedes les atteignit à travers la distance froide.

De schreeuw van Mercedes bereikte hen over de koude afstand.

Charles se retourna et recula, mais il était trop tard.

Charles draaide zich om en deed een stap achteruit, maar het was te laat.

Une calotte glaciaire entière a cédé et ils sont tous tombés à travers.

Een hele ijskap bezweek en ze zakten er allemaal doorheen.

Les chiens, le traîneau et les gens ont disparu dans l'eau noire en contrebas.

Honden, sleeën en mensen verdwenen in het zwarte water.

Il ne restait qu'un large trou dans la glace là où ils étaient passés.

Op de plek waar ze waren gepasseerd, was alleen een groot gat in het ijs overgebleven.

Le fond du sentier s'était affaissé, comme Thornton l'avait prévenu.

Het pad liep naar beneden, precies zoals Thornton had gewaarschuwd.

Thornton et Buck se regardèrent, silencieux pendant un moment.

Thornton en Buck keken elkaar aan en bleven een moment zwijgen.

« Pauvre diable », dit doucement Thornton, et Buck lui lécha la main.

"Jij arme duivel," zei Thornton zachtjes, en Buck likte zijn hand.

Pour l'amour d'un homme
Voor de liefde van een man

John Thornton s'est gelé les pieds dans le froid du mois de décembre précédent.
John Thornton had last van bevroren voeten in de kou van de voorgaande decembermaand.

Ses partenaires l'ont mis à l'aise et l'ont laissé se rétablir seul.
Zijn partners stelden hem op zijn gemak en lieten hem alleen herstellen.

Ils remontèrent la rivière pour rassembler un radeau de billes de bois pour Dawson.
Ze gingen de rivier op om een vlot met zaagblokken voor Dawson te verzamelen.

Il boitait encore légèrement lorsqu'il a sauvé Buck de la mort.
Hij liep nog een beetje mank toen hij Buck van de dood redde.

Mais avec le temps chaud qui continue, même cette boiterie a disparu.
Maar toen het warmer werd, verdween zelfs die mankement.

Allongé au bord de la rivière pendant les longues journées de printemps, Buck se reposait.
Tijdens de lange lentedagen lag Buck te rusten aan de oever van de rivier.

Il regardait l'eau couler et écoutait les oiseaux et les insectes.
Hij keek naar het stromende water en luisterde naar de vogels en insecten.

Lentement, Buck reprit ses forces sous le soleil et le ciel.
Langzaam kwam Buck weer op krachten onder de zon en de hemel.

Un repos merveilleux après avoir parcouru trois mille kilomètres.
Na drieduizend mijl gereisd te hebben, was het heerlijk om even uit te rusten.

Buck est devenu paresseux à mesure que ses blessures guérissaient et que son corps se remplissait.

Buck werd lui terwijl zijn wonden genazen en zijn lichaam voller werd.

Ses muscles se raffermirent et la chair revint recouvrir ses os.

Zijn spieren werden sterker en zijn botten werden weer bedekt met vlees.

Ils se reposaient tous : Buck, Thornton, Skeet et Nig.

Ze waren allemaal aan het rusten: Buck, Thornton, Skeet en Nig.

Ils attendaient le radeau qui allait les transporter jusqu'à Dawson.

Ze wachtten op het vlot dat hen naar Dawson zou brengen.

Skeet était un petit setter irlandais qui s'est lié d'amitié avec Buck.

Skeet was een kleine Ierse setter die vriendschap sloot met Buck.

Buck était trop faible et malade pour lui résister lors de leur première rencontre.

Buck was te zwak en ziek om haar tijdens hun eerste ontmoeting te weerstaan.

Skeet avait le trait de guérisseur que certains chiens possèdent naturellement.

Skeet had de helende eigenschap die sommige honden van nature bezitten.

Comme une mère chatte, elle lécha et nettoya les blessures à vif de Buck.

Als een moederkat likte en maakte ze Bucks open wonden schoon.

Chaque matin, après le petit-déjeuner, elle répétait son travail minutieux.

Iedere ochtend na het ontbijt herhaalde ze haar zorgvuldige werk.

Buck s'attendait à son aide autant qu'à celle de Thornton.

Buck verwachtte net zo veel hulp van haar als van Thornton.

Nig était également amical, mais moins ouvert et moins affectueux.

Nig was ook vriendelijk, maar minder open en minder aanhankelijk.

Nig était un gros chien noir, à la fois chien de Saint-Hubert et chien de chasse.

Nig was een grote zwarte hond, half bloedhond en half deerhound.

Il avait des yeux rieurs et une infinie bonne nature dans son esprit.

Hij had lachende ogen en een eindeloos goed karakter.

À la surprise de Buck, aucun des deux chiens n'a montré de jalousie envers lui.

Tot Bucks verbazing toonde geen van beide honden jaloezie jegens hem.

Skeet et Nig ont tous deux partagé la gentillesse de John Thornton.

Zowel Skeet als Nig waren net zo vriendelijk als John Thornton.

À mesure que Buck devenait plus fort, ils l'ont attiré dans des jeux de chiens stupides.

Naarmate Buck sterker werd, verleidden ze hem tot domme hondenspelletjes.

Thornton jouait souvent avec eux aussi, incapable de résister à leur joie.

Thornton speelde ook vaak met hen, hij kon hun vreugde niet weerstaan.

De cette manière ludique, Buck est passé de la maladie à une nouvelle vie.

Op deze speelse manier ging Buck van zijn ziekte over naar een nieuw leven.

L'amour – un amour véritable, brûlant et passionné – était enfin à lui.

Eindelijk was de liefde aan hem toegekomen: ware, brandende en hartstochtelijke liefde.

Il n'avait jamais connu ce genre d'amour dans le domaine de Miller.

Deze vorm van liefde had hij op Millers landgoed nog nooit meegemaakt.

Avec les fils du juge, il avait partagé le travail et l'aventure.

Met de zonen van de rechter deelde hij werk en avontuur.

Chez les petits-fils, il vit une fierté raide et vantarde.

Bij de kleinzonen zag hij een stijve en opschepperige trots.

Il entretenait avec le juge Miller lui-même une amitié respectueuse.

Met rechter Miller zelf had hij een respectvolle vriendschap.

Mais l'amour qui était feu, folie et adoration est venu avec Thornton.

Maar met Thornton kwam ook de liefde die vuur, waanzin en aanbidding was.

Cet homme avait sauvé la vie de Buck, et cela seul signifiait beaucoup.

Deze man had Bucks leven gered, en dat alleen al betekende veel.

Mais plus que cela, John Thornton était le type de maître idéal.

Maar belangrijker nog, John Thornton was de ideale meester.

D'autres hommes s'occupaient de chiens par devoir ou par nécessité professionnelle.

Andere mannen zorgden voor honden uit plichtsbesef of uit zakelijke noodzaak.

John Thornton prenait soin de ses chiens comme s'ils étaient ses enfants.

John Thornton zorgde voor zijn honden alsof het zijn kinderen waren.

Il prenait soin d'eux parce qu'il les aimait et qu'il ne pouvait tout simplement pas s'en empêcher.

Hij gaf om hen omdat hij van hen hield en hij kon er niets aan doen.

John Thornton a vu encore plus loin que la plupart des hommes n'ont jamais réussi à voir.

John Thornton zag nog verder dan de meeste mensen ooit konden zien.

Il n'oubliait jamais de les saluer gentiment ou de leur adresser un mot d'encouragement.

Hij vergat nooit hen vriendelijk te begroeten of een opbeurend woord te spreken.

Il adorait s'asseoir avec les chiens pour de longues conversations, ou « gazeuses », comme il disait.

Hij hield ervan om lang met de honden te zitten praten, of 'gassy' te zijn, zoals hij het zelf noemde.

Il aimait saisir brutalement la tête de Buck entre ses mains fortes.

Hij hield ervan Bucks hoofd ruw tussen zijn sterke handen te grijpen.

Puis il posa sa tête contre celle de Buck et le secoua doucement.

Toen legde hij zijn hoofd tegen dat van Buck en schudde hem zachtjes.

Pendant tout ce temps, il traitait Buck de noms grossiers qui signifiaient de l'amour pour Buck.

Ondertussen schold hij Buck uit voor grove dingen, terwijl hij voor hem juist liefde bedoelde.

Pour Buck, cette étreinte brutale et ces mots ont apporté une joie profonde.

Voor Buck brachten die ruwe omhelzing en die woorden diepe vreugde.

Son cœur semblait se déchaîner de bonheur à chaque mouvement.

Bij elke beweging leek zijn hart van geluk te trillen.

Lorsqu'il se releva ensuite, sa bouche semblait rire.

Toen hij daarna opsprong, zag hij eruit alsof zijn mond lachte.

Ses yeux brillaient et sa gorge tremblait d'une joie inexprimée.

Zijn ogen straalden en zijn keel trilde van onuitgesproken vreugde.

Son sourire resta figé dans cet état d'émotion et d'affection rayonnante.

Zijn glimlach stond stil in die staat van emotie en gloeiende genegenheid.

Thornton s'exclama alors pensivement : « Mon Dieu ! Il peut presque parler ! »

Toen riep Thornton nadenkend uit: "God! Hij kan bijna praten!"

Buck avait une étrange façon d'exprimer son amour qui causait presque de la douleur.

Buck had een vreemde manier om zijn liefde te uiten, die bijna pijn deed.

Il serrait souvent très fort la main de Thornton entre ses dents.

Vaak klemde hij Thorntons hand heel hard tussen zijn tanden.

La morsure allait laisser des marques profondes qui resteraient un certain temps après.

De beet zou diepe littekens achterlaten die nog een tijdje zichtbaar zouden blijven.

Buck croyait que ces serments étaient de l'amour, et Thornton savait la même chose.

Buck geloofde dat die eden liefde betekenden, en Thornton wist dat ook.

Le plus souvent, l'amour de Buck se manifestait par une adoration silencieuse, presque silencieuse.

Meestal uitte Bucks liefde zich in stille, bijna geluidloze aanbidding.

Bien qu'il soit ravi lorsqu'on le touche ou qu'on lui parle, il ne cherche pas à attirer l'attention.

Hoewel hij blij was als hij werd aangeraakt of aangesproken, zocht hij geen aandacht.

Skeet a poussé son nez sous la main de Thornton jusqu'à ce qu'il la caresse.

Skeet duwde haar neus onder Thorntons hand tot hij haar aaide.

Nig s'approcha tranquillement et posa sa grosse tête sur le genou de Thornton.

Nig liep rustig naar hem toe en legde zijn grote hoofd op Thorntons knie.

Buck, au contraire, se contentait d'aimer à distance respectueuse.

Buck vond het daarentegen prima om op een respectvolle afstand lief te hebben.

Il resta allongé pendant des heures aux pieds de Thornton, alerte et observant attentivement.

Hij lag urenlang aan Thorntons voeten, alert en nauwlettend.

Buck étudiait chaque détail du visage de son maître et le moindre mouvement.

Buck bestudeerde elk detail van het gezicht van zijn meester en elke beweging.

Ou bien il était allongé plus loin, étudiant la silhouette de l'homme en silence.

Of hij lag verderop en bestudeerde in stilte de gestalte van de man.

Buck observait chaque petit mouvement, chaque changement de posture ou de geste.

Buck observeerde elke kleine beweging, elke verandering in houding of gebaar.

Ce lien était si puissant qu'il attirait souvent le regard de Thornton.

Deze verbinding was zo krachtig dat Thornton er vaak naar keek.

Il rencontra les yeux de Buck sans un mot, l'amour brillant clairement à travers.

Hij keek Buck in de ogen, zonder woorden, maar de liefde scheen er duidelijk doorheen.

Pendant longtemps après avoir été sauvé, Buck n'a jamais laissé Thornton hors de vue.

Lange tijd nadat Buck gered was, verloor hij Thornton niet uit het oog.

Chaque fois que Thornton quittait la tente, Buck le suivait de près à l'extérieur.

Telkens wanneer Thornton de tent verliet, volgde Buck hem nauwlettend naar buiten.

Tous les maîtres sévères du Northland avaient fait que Buck avait peur de faire confiance.

Al die strenge meesters in het Noorden hadden ervoor gezorgd dat Buck bang was om te vertrouwen.

Il craignait qu'aucun homme ne puisse rester son maître plus d'un court instant.

Hij vreesde dat niemand langer dan een korte tijd zijn meester zou kunnen blijven.

Il craignait que John Thornton ne disparaisse comme Perrault et François.

Hij vreesde dat John Thornton, net als Perrault en François, zou verdwijnen.

Même la nuit, la peur de le perdre hantait le sommeil agité de Buck.

Zelfs 's nachts bleef Buck onrustig slapen, ondanks de angst hem te verliezen.

Quand Buck se réveilla, il se glissa dehors dans le froid et se dirigea vers la tente.

Toen Buck wakker werd, sloop hij de kou in en ging naar de tent.

Il écoutait attentivement le doux bruit de la respiration à l'intérieur.

Hij luisterde aandachtig of hij het zachte geluid van ademhaling van binnenuit hoorde.

Malgré l'amour profond de Buck pour John Thornton, la nature sauvage est restée vivante.

Ondanks Bucks grote liefde voor John Thornton bleef de wildernis in leven.

Cet instinct primitif, éveillé dans le Nord, n'a pas disparu.

Dat primitieve instinct, ontwaakt in het Noorden, is niet verdwenen.

L'amour a apporté la dévotion, la loyauté et le lien chaleureux du coin du feu.

Liefde bracht toewijding, loyaliteit en de warme band van het haardvuur met zich mee.

Mais Buck a également conservé son instinct sauvage, vif et toujours en alerte.

Maar Buck behield ook zijn wilde instincten, scherp en altijd alert.

Il n'était pas seulement un animal de compagnie apprivoisé venu des terres douces de la civilisation.

Hij was niet zomaar een tam huisdier uit de zachte streken van de beschaving.

Buck était un être sauvage qui était venu s'asseoir près du feu de Thornton.

Buck was een wild wezen dat bij het vuur van Thornton kwam zitten.

Il ressemblait à un chien du Southland, mais la sauvagerie vivait en lui.

Hij zag eruit als een hond uit het zuiden, maar hij had een wild karakter.

Son amour pour Thornton était trop grand pour permettre de voler cet homme.

Zijn liefde voor Thornton was te groot om diefstal van de man toe te staan.

Mais dans n'importe quel autre camp, il volerait avec audace et sans relâche.

Maar in elk ander kamp zou hij brutaal en zonder ophouden stelen.

Il était si habile à voler que personne ne pouvait l'attraper ou l'accuser.

Hij was zo slim in het stelen dat niemand hem kon betrappen of beschuldigen.

Son visage et son corps étaient couverts de cicatrices dues à de nombreux combats passés.

Zijn gezicht en lichaam zaten onder de littekens van de vele gevechten uit het verleden.

Buck se battait toujours avec acharnement, mais maintenant il se battait avec plus de ruse.

Buck vocht nog steeds fel, maar nu met meer sluwheid.

Skeet et Nig étaient trop doux pour se battre, et ils appartenaient à Thornton.

Skeet en Nig waren te zachtaardig om te vechten, en zij waren van Thornton.

Mais tout chien étranger, aussi fort ou courageux soit-il, cédait.

Maar elke vreemde hond, hoe sterk of dapper ook, gaf toe.

Sinon, le chien se retrouvait à lutter contre Buck, à se battre pour sa vie.

Anders zou de hond met Buck moeten vechten, vechtend voor zijn leven.

Buck n'a eu aucune pitié une fois qu'il a choisi de se battre contre un autre chien.

Buck kende geen genade toen hij besloot om met een andere hond te vechten.

Il avait bien appris la loi du gourdin et des crocs dans le Nord.

Hij had de wetten van de knuppel en de slagtand uit het Noorden goed geleerd.

Il n'a jamais abandonné un avantage et n'a jamais reculé devant la bataille.

Hij gaf nooit een voordeel uit handen en deinsde nooit terug voor de strijd.

Il avait étudié les Spitz et les chiens les plus féroces de la poste et de la police.

Hij had Spitz en de gevaarlijkste post- en politiehonden bestudeerd.

Il savait clairement qu'il n'y avait pas de juste milieu dans un combat sauvage.

Hij wist heel goed dat er in een wilde strijd geen middenweg bestond.

Il doit gouverner ou être gouverné ; faire preuve de miséricorde signifie faire preuve de faiblesse.

Hij moest heersen of geregeerd worden; genade tonen betekende zwakte tonen.

La miséricorde était inconnue dans le monde brut et brutal de la survie.

Genade was onbekend in de ruwe en wrede wereld van overleving.

Faire preuve de miséricorde était perçu comme de la peur, et la peur menait rapidement à la mort.

Genade tonen werd gezien als angst, en angst leidde snel tot de dood.

L'ancienne loi était simple : tuer ou être tué, manger ou être mangé.

De oude wet was simpel: dood of gedood worden, eet of gegeten worden.

Cette loi venait des profondeurs du temps, et Buck la suivait pleinement.

Die wet stamt uit de oudheid en Buck hield zich er strikt aan.

Buck était plus vieux que son âge et que le nombre de respirations qu'il prenait.

Buck was ouder dan zijn jaren en het aantal ademhalingen dat hij nam.

Il a clairement relié le passé ancien au moment présent.

Hij legde een helder verband tussen het verre verleden en het heden.

Les rythmes profonds des âges le traversaient comme les marées.

De diepe ritmes van de eeuwen bewogen door hem heen als de getijden.

Le temps pulsait dans son sang aussi sûrement que les saisons faisaient bouger la terre.

De tijd pulseerde in zijn bloed, net zo zeker als de seizoenen de aarde bewogen.

Il était assis près du feu de Thornton, la poitrine forte et les crocs blancs.

Hij zat bij het vuur van Thornton, met zijn sterke borstkas en witte tanden.

Sa longue fourrure ondulait, mais derrière lui, les esprits des chiens sauvages observaient.

Zijn lange vacht wapperde, maar achter hem keken de geesten van wilde honden toe.

Des demi-loups et des loups à part entière s'agitaient dans son cœur et dans ses sens.

In zijn hart en zintuigen roerden zich de gevoelens van halfwolven en echte wolven aan.

Ils goûtèrent sa viande et burent la même eau que lui.

Ze proefden zijn vlees en dronken hetzelfde water als hij.

Ils reniflaient le vent à ses côtés et écoutaient la forêt.

Ze snuffelden met hem mee aan de wind en luisterden naar het bos.

Ils murmuraient la signification des sons sauvages dans l'obscurité.

Ze fluisterden de betekenissen van de wilde geluiden in de duisternis.

Ils façonnaient ses humeurs et guidaient chacune de ses réactions silencieuses.

Ze beïnvloedden zijn stemmingen en stuurden zijn stille reacties.

Ils se sont couchés avec lui pendant son sommeil et sont devenus une partie de ses rêves profonds.

Ze lagen bij hem terwijl hij sliep en werden onderdeel van zijn diepe dromen.

Ils rêvaient avec lui, au-delà de lui, et constituaient son esprit même.

Zij droomden met hem, voorbij hem, en vormden zijn geest.

Les esprits de la nature appelèrent si fort que Buck se sentit attiré.

De geesten van de wildernis riepen zo sterk dat Buck zich aangetrokken voelde.

Chaque jour, l'humanité et ses revendications s'affaiblissaient dans le cœur de Buck.

Elke dag werden de mensheid en haar aanspraken zwakker in Bucks hart.

Au plus profond de la forêt, un appel étrange et palpitant allait s'élever.

Diep in het bos zou een vreemde en opwindende roep klinken.

Chaque fois qu'il entendait l'appel, Buck ressentait une envie à laquelle il ne pouvait résister.

Elke keer dat Buck de roep hoorde, voelde hij een drang die hij niet kon weerstaan.

Il allait se détourner du feu et des sentiers battus des humains.

Hij ging zich afkeren van het vuur en van de gebaande menselijke paden.

Il allait s'enfoncer dans la forêt, avançant sans savoir pourquoi.

Hij wilde het bos in springen, zonder te weten waarom.

Il ne remettait pas en question cette attraction, car l'appel était profond et puissant.

Hij betwijfelde deze aantrekkingskracht niet, want de roep was diep en krachtig.

Souvent, il atteignait l'ombre verte et la terre douce et intacte

Vaak bereikte hij de groene schaduw en de zachte, ongerepte aarde

Mais ensuite, son amour profond pour John Thornton l'a ramené vers le feu.

Maar toen trok zijn sterke liefde voor John Thornton hem weer terug naar het vuur.

Seul John Thornton tenait véritablement le cœur sauvage de Buck entre ses mains.

Alleen John Thornton had werkelijk de macht over Bucks wilde hart.

Le reste de l'humanité n'avait aucune valeur ni signification durable pour Buck.

De rest van de mensheid had voor Buck geen blijvende waarde of betekenis.

Les étrangers pourraient le féliciter ou caresser sa fourrure avec des mains amicales.

Vreemden prezen hem soms of aaiden hem met hun vriendelijke handen over zijn vacht.

Buck resta impassible et s'éloigna à cause de trop d'affection.

Buck bleef onberoerd en liep weg omdat hij te veel aanhankelijkheid voelde.

Hans et Pete sont arrivés avec le radeau qu'ils attendaient depuis longtemps

Hans en Pete arriveerden met het langverwachte vlot

Buck les a ignorés jusqu'à ce qu'il apprenne qu'ils étaient proches de Thornton.

Buck negeerde ze totdat hij hoorde dat ze dicht bij Thornton waren.

Après cela, il les a tolérés, mais ne leur a jamais montré toute sa chaleur.

Daarna tolereerde hij ze nog wel, maar toonde hij ze nooit zijn volledige warmte.

Il prenait de la nourriture ou des marques de gentillesse de leur part comme s'il leur rendait service.

Hij nam eten of vriendelijkheid van hen aan, alsof hij hen een gunst bewees.

Ils étaient comme Thornton : simples, honnêtes et clairs dans leurs pensées.

Ze waren net als Thornton: eenvoudig, eerlijk en helder van geest.

Tous ensemble, ils se rendirent à la scierie de Dawson et au grand tourbillon

Samen reisden ze naar Dawson's zagerij en de grote draaikolk

Au cours de leur voyage, ils ont appris à comprendre profondément la nature de Buck.

Tijdens hun reis leerden ze Bucks aard beter begrijpen.

Ils n'ont pas essayé de se rapprocher comme Skeet et Nig l'avaient fait.

Ze probeerden niet dichter naar elkaar toe te groeien zoals Skeet en Nig hadden gedaan.

Mais l'amour de Buck pour John Thornton n'a fait que s'approfondir avec le temps.

Maar Bucks liefde voor John Thornton werd met de tijd alleen maar groter.

Seul Thornton pouvait placer un sac sur le dos de Buck en été.

Alleen Thornton kon in de zomer een rugzak op Bucks rug plaatsen.

Quoi que Thornton ordonne, Buck était prêt à l'exécuter pleinement.

Wat Thornton ook beval, Buck was bereid om volledig te doen.

Un jour, après avoir quitté Dawson pour les sources du Tanana,

Op een dag, nadat ze Dawson hadden verlaten voor de bovenloop van de Tanana,

le groupe était assis sur une falaise qui descendait d'un mètre jusqu'au substrat rocheux nu.

De groep zat op een klif die bijna een meter afdaalde tot aan de kale rotsbodem.

John Thornton était assis près du bord et Buck se reposait à côté de lui.

John Thornton zat aan de rand en Buck rustte naast hem.

Thornton eut une pensée soudaine et attira l'attention des hommes.

Thornton kreeg plotseling een ingeving en trok de aandacht van de mannen.

Il désigna le gouffre et donna un seul ordre à Buck.

Hij wees naar de overkant van de kloof en gaf Buck één bevel.

« Saute, Buck ! » dit-il en balançant son bras au-dessus de la chute.

"Spring, Buck!" zei hij, terwijl hij zijn arm over de afgrond zwaaide.

En un instant, il dut attraper Buck, qui sautait pour obéir.

Hij moest Buck onmiddellijk grijpen, die meteen opsprong om te gehoorzamen.

Hans et Pete se sont précipités en avant et ont ramené les deux hommes en sécurité.

Hans en Pete renden naar voren en trokken ze allebei in veiligheid.

Une fois que tout fut terminé et qu'ils eurent repris leur souffle, Pete prit la parole.

Toen alles voorbij was en ze op adem waren gekomen, sprak Pete.

« L'amour est étrange », dit-il, secoué par la dévotion féroce du chien.

"De liefde is wonderbaarlijk", zei hij, geschokt door de felle toewijding van de hond.

Thornton secoua la tête et répondit avec un sérieux calme.

Thornton schudde zijn hoofd en antwoordde met kalme ernst.

« Non, l'amour est splendide », dit-il, « mais aussi terrible. »

"Nee, de liefde is prachtig," zei hij, "maar ook verschrikkelijk."

« Parfois, je dois l'admettre, ce genre d'amour me fait peur. »

"Soms moet ik toegeven dat dit soort liefde mij bang maakt."

Pete hocha la tête et dit : « Je détesterais être l'homme qui te touche. »

Pete knikte en zei: "Ik zou niet de man willen zijn die jou aanraakt."

Il regarda Buck pendant qu'il parlait, sérieux et plein de respect.

Hij keek Buck aan terwijl hij sprak, serieus en vol respect.

« Py Jingo ! » s'empressa de dire Hans. « Moi non plus, non monsieur. »

"Py Jingo!" zei Hans snel. "Ik ook niet, meneer."

Avant la fin de l'année, les craintes de Pete se sont réalisées à Circle City.

Nog voor het einde van het jaar werden Petes angsten werkelijkheid bij Circle City.

Un homme cruel nommé Black Burton a provoqué une bagarre dans le bar.

Een wrede man genaamd Black Burton begon ruzie in de bar.

Il était en colère et malveillant, s'en prenant à un nouveau tendre.

Hij was boos en gemeen en viel een nieuwe beginneling aan.

John Thornton est intervenu, calme et de bonne humeur comme toujours.

John Thornton stapte in, kalm en goedgehumeurd als altijd.

Buck était allongé dans un coin, la tête baissée, observant Thornton de près.

Buck lag in een hoek, met zijn hoofd naar beneden, en hield Thornton nauwlettend in de gaten.

Burton frappa soudainement, son coup envoyant Thornton tourner.

Burton sloeg plotseling toe en Thornton begon te tollen.

Seule la barre du bar l'a empêché de s'écraser violemment au sol.

Alleen de leuning van de bar voorkwam dat hij hard op de grond viel.

Les observateurs ont entendu un son qui n'était ni un aboiement ni un cri.

De waarnemers hoorden een geluid dat geen geblaf of gejank was

un rugissement profond sortit de Buck alors qu'il se lançait vers l'homme.

Een diep gebrul klonk uit Buck terwijl hij op de man afstormde.

Burton a levé le bras et a sauvé sa vie de justesse.

Burton gooide zijn arm in de lucht en redde ternauwernood zijn eigen leven.

Buck l'a percuté, le faisant tomber à plat sur le sol.

Buck botste tegen hem aan, waardoor hij plat op de grond viel.

Buck mordit profondément le bras de l'homme, puis se jeta à la gorge.

Buck beet diep in de arm van de man en greep hem vervolgens bij de keel.

Burton n'a pu bloquer que partiellement et son cou a été déchiré.

Burton kon de aanval slechts gedeeltelijk blokkeren en zijn nek scheurde open.

Des hommes se sont précipités, les bâtons levés, et ont chassé Buck de l'homme ensanglanté.

Mannen renden naar binnen, hielden hun knuppels geheven en joegen Buck weg van de bloedende man.

Un chirurgien est intervenu rapidement pour arrêter l'écoulement du sang.

Een chirurg kwam snel in actie om te voorkomen dat het bloed wegstroomde.

Buck marchait de long en large et grognait, essayant d'attaquer encore et encore.

Buck liep heen en weer en gromde, terwijl hij steeds opnieuw probeerde aan te vallen.

Seuls les coups de massue l'ont empêché d'atteindre Burton.

Alleen zwaaiende clubs weerhielden hem ervan Burton te bereiken.

Une réunion de mineurs a été convoquée et tenue sur place.

Er werd ter plekke een vergadering van de mijnwerkers belegd en gehouden.

Ils ont convenu que Buck avait été provoqué et ont voté pour le libérer.

Ze waren het erover eens dat Buck was geprovoceerd en stemden voor zijn vrijlating.

Mais le nom féroce de Buck résonnait désormais dans tous les camps d'Alaska.

Maar de felle naam van Buck klonk nu in elk kamp in Alaska.

Plus tard cet automne-là, Buck sauva à nouveau Thornton d'une nouvelle manière.

Later die herfst redde Buck Thornton opnieuw, maar dan op een nieuwe manier.

Les trois hommes guidaient un long bateau sur des rapides impétueux.

De drie mannen bestuurden een lange boot door ruwe stroomversnellingen.

Thornton dirigeait le bateau et donnait des indications pour se rendre sur le rivage.

Thornton bestuurde de boot en riep de weg naar de kustlijn.

Hans et Pete couraient sur terre, tenant une corde d'arbre en arbre.

Hans en Pete renden over land, met een touw in hun handen van boom tot boom.

Buck suivait le rythme sur la rive, surveillant toujours son maître.

Buck hield gelijke tred met de oever en hield zijn baasje voortdurend in de gaten.

À un endroit désagréable, des rochers surplombaient les eaux vives.

Op een vervelende plek staken er rotsen uit onder het snelstromende water.

Hans lâcha la corde et Thornton dirigea le bateau vers le large.

Hans liet het touw los en Thornton stuurde de boot wijd.

Hans sprinta pour rattraper le bateau en passant devant les rochers dangereux.

Hans rende om de boot weer te pakken en passeerde de gevaarlijke rotsen.

Le bateau a franchi le rebord mais a heurté une partie plus forte du courant.

De boot kwam over de rand heen, maar stuitte op een sterker deel van de stroming.

Hans a attrapé la corde trop vite et a déséquilibré le bateau.

Hans greep het touw te snel vast en bracht de boot uit balans.

Le bateau s'est retourné et a heurté la berge, cul en l'air.

De boot sloeg om en belandde met de onderkant naar boven op de oever.

Thornton a été jeté dehors et emporté dans la partie la plus sauvage de l'eau.

Thornton werd eruit geslingerd en meegesleurd in het wildste deel van het water.

Aucun nageur n'aurait pu survivre dans ces eaux mortelles et tumultueuses.

Geen enkele zwemmer zou hebben kunnen overleven in dat dodelijke, razende water.

Buck sauta instantanément et poursuivit son maître sur la rivière.

Buck sprong meteen in het water en achtervolgde zijn baasje de rivier af.

Après trois cents mètres, il atteignit enfin Thornton.

Na driehonderd meter bereikte hij eindelijk Thornton.

Thornton attrapa la queue de Buck, et Buck se tourna vers le rivage.

Thornton greep Buck bij zijn staart en Buck liep naar de kust.

Il nageait de toutes ses forces, luttant contre la force de l'eau.

Hij zwom met volle kracht en verzette zich tegen de sterke weerstand van het water.

Ils se déplaçaient en aval plus vite qu'ils ne pouvaient atteindre le rivage.

Ze bewogen zich sneller stroomafwaarts dan ze de kust konden bereiken.

Plus loin, la rivière rugissait plus fort alors qu'elle tombait dans des rapides mortels.

Voor ons bulderde de rivier nog luider terwijl deze in dodelijke stroomversnellingen stortte.

Les rochers fendaient l'eau comme les dents d'un énorme peigne.

Rotsen sneden door het water als de tanden van een enorme kam.

L'attraction de l'eau près de la chute était sauvage et inévitable.

De aantrekkingskracht van het water bij de waterval was enorm en onontkoombaar.

Thornton savait qu'ils ne pourraient jamais atteindre le rivage à temps.

Thornton wist dat ze de kust nooit op tijd zouden bereiken.

Il a gratté un rocher, s'est écrasé sur un deuxième,

Hij schraapte over een rots, sloeg over een tweede,

Et puis il s'est écrasé contre un troisième rocher, l'attrapant à deux mains.

Vervolgens botste hij tegen een derde rots, die hij met beide handen vastgreep.

Il lâcha Buck et cria par-dessus le rugissement : « Vas-y, Buck ! Vas-y ! »

Hij liet Buck los en riep boven het gebrul uit: "Ga, Buck! Ga!"

Buck n'a pas pu rester à flot et a été emporté par le courant.

Buck kon niet blijven drijven en werd door de stroming meegesleurd.

Il s'est battu avec acharnement, s'efforçant de se retourner, mais n'a fait aucun progrès.

Hij verzette zich hevig en probeerde zich om te draaien, maar kwam geen stap vooruit.

Puis il entendit Thornton répéter l'ordre par-dessus le rugissement de la rivière.

Toen hoorde hij Thornton het bevel herhalen, boven het gebulder van de rivier uit.

Buck sortit de l'eau et leva la tête comme pour un dernier regard.

Buck kwam uit het water en hief zijn kop op alsof hij hem nog een laatste keer wilde zien.

puis il se retourna et obéit, nageant vers la rive avec résolution.

draaide zich om en gehoorzaamde, en zwom vastberaden naar de oever.

Pete et Hans l'ont tiré à terre au dernier moment possible.

Op het allerlaatste moment trokken Pete en Hans hem aan land.

Ils savaient que Thornton ne pourrait s'accrocher au rocher que quelques minutes de plus.

Ze wisten dat Thornton zich nog maar een paar minuten aan de rots kon vastklampen.

Ils coururent sur la berge jusqu'à un endroit bien au-dessus de l'endroit où il était suspendu.

Ze renden de oever op naar een plek ver boven de plek waar hij hing.

Ils ont soigneusement attaché la ligne du bateau au cou et aux épaules de Buck.

Ze maakten de lijn van de boot zorgvuldig vast aan Bucks nek en schouders.

La corde était serrée mais suffisamment lâche pour permettre la respiration et le mouvement.

Het touw zat strak, maar was los genoeg om te kunnen ademen en bewegen.

Puis ils le jetèrent à nouveau dans la rivière tumultueuse et mortelle.

Daarna gooiden ze hem weer in de snelstromende, dodelijke rivier.

Buck nageait avec audace mais manquait son angle face à la force du courant.

Buck zwom dapper, maar miste de kracht van de stroming.

Il a vu trop tard qu'il allait dépasser Thornton.

Hij zag te laat dat hij Thornton voorbij zou drijven.

Hans tira fort sur la corde, comme si Buck était un bateau en train de chavirer.

Hans trok het touw strak, alsof Buck een kapseizende boot was.

Le courant l'a entraîné vers le fond et il a disparu sous la surface.

Hij werd door de stroming meegesleurd en verdween onder het wateroppervlak.

Son corps a heurté la berge avant que Hans et Pete ne le sortent.

Zijn lichaam sloeg tegen de oever voordat Hans en Pete hem eruit konden trekken.

Il était à moitié noyé et ils l'ont chassé de l'eau.

Hij was half verdronken, en ze sloegen het water uit hem.

Buck se leva, tituba et s'effondra à nouveau sur le sol.

Buck stond op, wankelde en viel weer op de grond.

Puis ils entendirent la voix de Thornton faiblement portée par le vent.

Toen hoorden ze Thorntons stem zwakjes door de wind worden meegevoerd.

Même si les mots n'étaient pas clairs, ils savaient qu'il était proche de la mort.

Ook al waren de woorden onduidelijk, ze wisten dat hij bijna dood was.

Le son de la voix de Thornton frappa Buck comme une décharge électrique.

Het geluid van Thorntons stem trof Buck als een elektrische schok.

Il sauta et courut sur la berge, retournant au point de lancement.

Hij sprong op, rende de oever op en keerde terug naar het vertrekpunt.

Ils attachèrent à nouveau la corde à Buck, et il entra à nouveau dans le ruisseau.

Opnieuw bonden ze het touw aan Buck vast, en opnieuw stapte hij de beek in.

Cette fois, il nagea directement et fermement dans l'eau tumultueuse.

Deze keer zwom hij rechtstreeks en vastberaden het stromende water in.

Hans laissa sortir la corde régulièrement tandis que Pete l'empêchait de s'emmêler.

Hans liet het touw rustig los en Pete zorgde ervoor dat het niet in de knoop raakte.

Buck a nagé avec acharnement jusqu'à ce qu'il soit aligné juste au-dessus de Thornton.

Buck zwom hard tot hij vlak boven Thornton lag.

Puis il s'est retourné et a foncé comme un train à toute vitesse.

Toen draaide hij zich om en rende er als een trein op volle snelheid vandoor.

Thornton le vit arriver, se redressa et entoura son cou de ses bras.

Thornton zag hem aankomen, schrapte zich schrap en sloeg zijn armen om zijn nek.

Hans a attaché la corde fermement autour d'un arbre alors qu'ils étaient tous les deux entraînés sous l'eau.

Hans bond het touw vast om een boom terwijl ze beiden naar beneden werden getrokken.

Ils ont dégringolé sous l'eau, s'écrasant contre des rochers et des débris de la rivière.

Ze stortten onder water neer en kwamen tegen de rotsen en het rivierafval terecht.

Un instant, Buck était au sommet, l'instant d'après, Thornton se levait en haletant.

Het ene moment zat Buck bovenop, het volgende moment stond Thornton hijgend op.

Battus et étouffés, ils se dirigèrent vers la rive et la sécurité.

Gehavend en stikkend, zochten ze hun toevlucht tot de oever, op zoek naar veiligheid.

Thornton a repris connaissance, allongé sur un tronc d'arbre.

Thornton kwam weer bij bewustzijn terwijl hij op een drijfboomstam lag.

Hans et Pete ont travaillé dur pour lui redonner souffle et vie.

Hans en Pete hebben hard gewerkt om hem weer op adem te brengen en leven te geven.

Sa première pensée fut pour Buck, qui gisait immobile et mou.

Zijn eerste gedachte ging uit naar Buck, die roerloos en slap op de grond lag.

Nig hurla sur le corps de Buck et Skeet lui lécha doucement le visage.

Nig huilde over Bucks lichaam en Skeet likte zachtjes zijn gezicht.

Thornton, endolori et meurtri, examina Buck avec des mains prudentes.

Thornton, pijnlijk en gekneusd, onderzocht Buck voorzichtig.

Il a trouvé trois côtes cassées, mais aucune blessure mortelle chez le chien.

Hij constateerde dat de hond drie gebroken ribben had, maar geen dodelijke verwondingen.

« C'est réglé », dit Thornton. « On campe ici. » Et c'est ce qu'ils firent.

"Dat is het dan," zei Thornton. "We kamperen hier." En dat deden ze.

Ils sont restés jusqu'à ce que les côtes de Buck soient guéries et qu'il puisse à nouveau marcher.

Ze bleven totdat Bucks ribben genezen waren en hij weer kon lopen.

Cet hiver-là, Buck accomplit un exploit qui augmenta encore sa renommée.

Die winter leverde Buck een prestatie die zijn roem verder vergrootte.

C'était moins héroïque que de sauver Thornton, mais tout aussi impressionnant.

Het was minder heldhaftig dan het redden van Thornton, maar net zo indrukwekkend.

À Dawson, les partenaires avaient besoin de provisions pour un long voyage.

In Dawson hadden de partners proviand nodig voor een verre reis.

Ils voulaient voyager vers l'Est, dans des terres sauvages et intactes.

Ze wilden naar het oosten reizen, naar de ongerepte wildernis.

L'acte de Buck dans l'Eldorado Saloon a rendu ce voyage possible.

Buck's act in de Eldorado Saloon maakte die reis mogelijk.

Tout a commencé avec des hommes qui se vantaient de leurs chiens en buvant un verre.

Het begon met mannen die tijdens een drankje opschepten over hun honden.

La renommée de Buck a fait de lui la cible de défis et de doutes.

Door zijn roem werd Buck het doelwit van uitdagingen en twijfels.

Thornton, fier et calme, resta ferme dans la défense du nom de Buck.

Thornton, trots en kalm, bleef standvastig de naam van Buck verdedigen.

Un homme a déclaré que son chien pouvait facilement tirer deux cents kilos.

Een man zei dat zijn hond met gemak 227 kilo kon trekken.

Un autre a dit six cents, et un troisième s'est vanté d'en avoir sept cents.

Een ander zei zeshonderd, en een derde pochte zevenhonderd.

« Pfft ! » dit John Thornton, « Buck peut tirer un traîneau de mille livres. »

"Pfft!" zei John Thornton, "Buck kan een slee van duizend pond trekken."

Matthewson, un roi de Bonanza, s'est penché en avant et l'a défié.

Matthewson, een Bonanza King, boog zich naar voren en daagde hem uit.

« Tu penses qu'il peut mettre autant de poids en mouvement ? »

"Denk je dat hij zoveel gewicht in beweging kan zetten?"

« Et tu penses qu'il peut tirer le poids sur une centaine de mètres ? »

"En denk je dat hij dat gewicht een volle honderd meter kan trekken?"

Thornton répondit froidement : « Oui. Buck est assez doué pour le faire. »

Thornton antwoordde koeltjes: "Ja. Buck is hond genoeg om het te doen."

« Il mettra mille livres en mouvement et le tirera sur une centaine de mètres. »

"Hij zet duizend kilo in beweging en trekt het honderd meter verder."

Matthewson sourit lentement et s'assura que tous les hommes entendaient ses paroles.

Matthewson glimlachte langzaam en zorgde ervoor dat iedereen zijn woorden kon horen.

« J'ai mille dollars qui disent qu'il ne peut pas. Le voilà. »

"Ik heb duizend dollar waarop staat dat hij het niet kan. Daar is het."

Il a claqué un sac de poussière d'or de la taille d'une saucisse sur le bar.

Hij gooide een zak goudstof, ter grootte van een worst, op de bar.

Personne ne dit un mot. Le silence devint pesant et tendu autour d'eux.

Niemand zei een woord. De stilte om hen heen werd zwaar en gespannen.

Le bluff de Thornton – s'il en était un – avait été pris au sérieux.

Thorntons bluf – als het er een was – werd serieus genomen.

Il sentit la chaleur monter sur son visage tandis que le sang affluait sur ses joues.

Hij voelde de hitte in zijn gezicht toenemen en het bloed stroomde naar zijn wangen.

Sa langue avait pris le pas sur sa raison à ce moment-là.

Op dat moment was zijn tong zijn verstand voorbijgestreefd.

Il ne savait vraiment pas si Buck pouvait déplacer mille livres.

Hij wist werkelijk niet of Buck duizend pond kon verplaatsen.

Une demi-tonne ! Rien que sa taille lui pesait le cœur.

Een halve ton! Alleen al de omvang ervan maakte hem zwaar op de maag.

Il avait foi en la force de Buck et le pensait capable.

Hij had vertrouwen in Bucks kracht en achtte hem capabel.

Mais il n'avait jamais été confronté à ce genre de défi, pas comme celui-ci.

Maar hij was nog nooit voor een dergelijke uitdaging komen te staan.

Une douzaine d'hommes l'observaient tranquillement, attendant de voir ce qu'il allait faire.

Een tiental mannen keken hem stilletjes aan en wachtten af wat hij zou doen.

Il n'avait pas d'argent, ni Hans ni Pete.

Hij had het geld niet, en Hans en Pete ook niet.

« J'ai un traîneau dehors », dit Matthewson froidement et directement.

"Ik heb buiten een slee staan," zei Matthewson koud en direct.

« Il est chargé de vingt sacs de cinquante livres chacun, tous de farine.

"Hij is geladen met twintig zakken van vijftig pond per stuk, allemaal meel.

« Alors ne laissez pas un traîneau manquant devenir votre excuse maintenant », a-t-il ajouté.

"Laat een vermiste slee dus niet langer uw excuus zijn", voegde hij eraan toe.

Thornton resta silencieux. Il ne savait pas quels mots lui dire.

Thornton bleef stil. Hij wist niet welke woorden hij moest gebruiken.

Il regarda les visages autour de lui sans les voir clairement.

Hij keek rond naar de gezichten, maar zag ze niet duidelijk.

Il ressemblait à un homme figé dans ses pensées, essayant de redémarrer.

Hij zag eruit als een man die in gedachten verzonken was en probeerde opnieuw te beginnen.

Puis il a vu Jim O'Brien, un ami de l'époque Mastodon.

Toen zag hij Jim O'Brien, een vriend uit de Mastodon-tijd.

Ce visage familier lui a donné un courage qu'il ne savait pas avoir.

Dat bekende gezicht gaf hem moed waarvan hij niet wist dat hij het had.

Il se tourna et demanda à voix basse : « Peux-tu me prêter mille ? »

Hij draaide zich om en vroeg met gedempte stem: "Kun je mij duizend lenen?"

« Bien sûr », dit O'Brien, laissant déjà tomber un lourd sac près de l'or.

"Tuurlijk," zei O'Brien, terwijl hij alvast een zware zak bij het goud liet vallen.

« Mais honnêtement, John, je ne crois pas que la bête puisse faire ça. »

"Maar eerlijk gezegd, John, geloof ik niet dat het beest dit kan."

Tout le monde dans le Saloon Eldorado s'est précipité dehors pour voir l'événement.

Iedereen in de Eldorado Saloon haastte zich naar buiten om het evenement te zien.

Ils ont laissé les tables et les boissons, et même les jeux ont été interrompus.

Er werden tafels en drankjes neergezet en zelfs de spelen werden stilgelegd.

Les croupiers et les joueurs sont venus assister à la fin de ce pari audacieux.

Gokkers en dealers kwamen om het einde van de gewaagde weddenschap te aanschouwen.

Des centaines de personnes se sont rassemblées autour du traîneau dans la rue glacée.

Honderden mensen verzamelden zich rond de slee op de ijzige, open straat.

Le traîneau de Matthewson était chargé d'une charge complète de sacs de farine.

De slee van Matthewson stond vol met zakken meel.

Le traîneau était resté immobile pendant des heures à des températures négatives.

De slee had urenlang bij temperaturen onder het vriespunt stilgestaan.

Les patins du traîneau étaient gelés et collés à la neige tassée.

De glijders van de slee zaten vastgevroren aan de aangestampte sneeuw.

Les hommes ont offert une cote de deux contre un que Buck ne pourrait pas déplacer le traîneau.

De mannen gaven een quotering van twee tegen één dat Buck de slee niet kon verplaatsen.

Une dispute a éclaté sur ce que signifiait réellement « sortir ».

Er ontstond een meningsverschil over de vraag wat 'uitbreken' precies betekende.

O'Brien a déclaré que Thornton devrait desserrer la base gelée du traîneau.

O'Brien zei dat Thornton de bevroren basis van de slee los moest maken.

Buck pourrait alors « sortir » d'un départ solide et immobile.

Buck kon toen 'uitbreken' vanuit een solide, bewegingloze start.

Matthewson a soutenu que le chien devait également libérer les coureurs.

Matthewson stelde dat de hond ook de renners moest bevrijden.

Les hommes qui avaient entendu le pari étaient d'accord avec le point de vue de Matthewson.

De mannen die van de weddenschap hadden gehoord, waren het eens met Matthewsons standpunt.

Avec cette décision, les chances sont passées à trois contre un contre Buck.

Met deze uitspraak steeg de odds naar drie tegen één in het nadeel van Buck.

Personne ne s'est manifesté pour prendre en compte les chances croissantes de trois contre un.

Niemand durfde de groeiende kans van drie tegen één te accepteren.

Pas un seul homme ne croyait que Buck pouvait accomplir un tel exploit.

Niemand geloofde dat Buck deze grote prestatie zou kunnen leveren.

Thornton s'était précipité dans le pari, lourd de doutes.

Thornton was overhaast met de weddenschap begonnen, vol twijfels.

Il regarda alors le traîneau et l'attelage de dix chiens à côté.

Nu keek hij naar de slee en het span van tien honden ernaast.

En voyant la réalité de la tâche, elle semblait encore plus impossible.

Toen ik de werkelijkheid onder ogen zag, leek het steeds onmogelijker.

Matthewson était plein de fierté et de confiance à ce moment-là.

Matthewson was op dat moment vervuld van trots en zelfvertrouwen.

« Trois contre un ! » cria-t-il. « Je parie mille de plus, Thornton !

"Drie tegen één!" riep hij. "Ik wed nog eens duizend, Thornton!

« Que dites-vous ? » ajouta-t-il, assez fort pour que tout le monde l'entende.

"Wat zeg je?" voegde hij eraan toe, luid genoeg zodat iedereen het kon horen.

Le visage de Thornton exprimait ses doutes, mais son esprit s'était élevé.

Thorntons gezicht verraadde zijn twijfels, maar zijn geest was opgestaan.

Cet esprit combatif ignorait les probabilités et ne craignait rien du tout.

Die vechtlust negeerde alle tegenslagen en was nergens bang voor.

Il a appelé Hans et Pete pour apporter tout leur argent sur la table.

Hij belde Hans en Pete en vroeg of ze al hun geld op tafel wilden leggen.

Il ne leur restait plus grand-chose : seulement deux cents dollars au total.

Ze hadden bijna niets meer over: samen nog maar tweehonderd dollar.

Cette petite somme représentait toute leur fortune pendant les temps difficiles.

Dit kleine bedrag was hun totale fortuin tijdens moeilijke tijden.

Pourtant, ils ont misé toute leur fortune contre le pari de Matthewson.

Toch zetten ze hun hele fortuin in tegen Matthewsons weddenschap.

L'attelage de dix chiens a été dételé et éloigné du traîneau.

Het span van tien honden werd afgekoppeld en liep weg van de slee.

Buck a été placé dans les rênes, portant son harnais familier.

Buck werd aan de teugels gezet, zijn vertrouwde tuig om.

Il avait capté l'énergie de la foule et ressenti la tension.

Hij had de energie van het publiek opgevangen en voelde de spanning.

D'une manière ou d'une autre, il savait qu'il devait faire quelque chose pour John Thornton.

Op de een of andere manier wist hij dat hij iets moest doen voor John Thornton.

Les gens murmuraient avec admiration devant la fière silhouette du chien.

Mensen mompelden vol bewondering toen ze de trotse gestalte van de hond zagen.

Il était mince et fort, sans une seule once de chair supplémentaire.

Hij was slank en sterk, zonder ook maar een grammetje teveel vlees.

Son poids total de cent cinquante livres n'était que puissance et endurance.

Zijn totale gewicht van honderdvijftig kilo was niets dan kracht en uithoudingsvermogen.

Le pelage de Buck brillait comme de la soie, épais de santé et de force.

Bucks vacht glansde als zijde, dik van gezondheid en kracht.

La fourrure le long de son cou et de ses épaules semblait se soulever et se hérisser.

De vacht op zijn nek en schouders leek overeind te gaan staan.

Sa crinière bougeait légèrement, chaque cheveu vivant de sa grande énergie.

Zijn manen bewogen een beetje, elk haartje leefde op door zijn grote energie.

Sa large poitrine et ses jambes fortes correspondaient à sa silhouette lourde et robuste.

Zijn brede borstkas en sterke benen pasten bij zijn zware, stoere lichaam.

Des muscles ondulaient sous son manteau, tendus et fermes comme du fer lié.

Onder zijn jas rimpelden spieren, strak en stevig als gebonden ijzer.

Les hommes le touchaient et juraient qu'il était bâti comme une machine en acier.

Mannen raakten hem aan en zwoeren dat hij gebouwd was als een stalen machine.

Les chances ont légèrement baissé à deux contre un contre le grand chien.

De kans dat de grote hond zou winnen daalde lichtjes naar twee tegen één.

Un homme des bancs de Skookum s'avança en bégayant.

Een man van de Skookum-banken duwde stotterend naar voren.

« Bien, monsieur ! J'offre huit cents pour lui – avant l'examen, monsieur ! »

"Goed, meneer! Ik bied hem achthonderd dollar - vóór de test, meneer!"

« Huit cents, tel qu'il est en ce moment ! » insista l'homme.

"Achthonderd, zoals hij er nu staat!" hield de man vol.

Thornton s'avança, sourit et secoua calmement la tête.

Thornton stapte naar voren, glimlachte en schudde kalm zijn hoofd.

Matthewson est rapidement intervenu avec une voix d'avertissement et un froncement de sourcils.

Matthewson kwam snel tussenbeide met een waarschuwende stem en een frons.

« Éloignez-vous de lui », dit-il. « Laissez-lui de l'espace. »

"Je moet bij hem vandaan gaan," zei hij. "Geef hem de ruimte."

La foule se tut ; seuls les joueurs continuaient à miser deux contre un.

De menigte werd stil; alleen gokkers boden nog twee tegen één aan.

Tout le monde admirait la carrure de Buck, mais la charge semblait trop lourde.

Iedereen bewonderde Bucks bouw, maar de lading leek te groot.

Vingt sacs de farine, pesant chacun cinquante livres, semblaient beaucoup trop.

Twintig zakken meel, elk 23 kilo zwaar, leek me veel te veel.

Personne n'était prêt à ouvrir sa bourse et à risquer son argent.

Niemand wilde zijn buidel openen en zijn geld riskeren.

Thornton s'agenouilla à côté de Buck et prit sa tête à deux mains.

Thornton knielde naast Buck en nam zijn hoofd in beide handen.

Il pressa sa joue contre celle de Buck et lui parla à l'oreille.

Hij drukte zijn wang tegen die van Buck en sprak in zijn oor.

Il n'y avait plus de secousses enjouées ni d'insultes affectueuses murmurées.

Er was nu geen sprake meer van speels schudden of gefluisterde, liefdevolle beledigingen.

Il murmura simplement doucement : « Autant que tu m'aimes, Buck. »

Hij mompelde alleen zachtjes: "Zoveel als je van me houdt, Buck."

Buck émit un gémissement silencieux, son impatience à peine contenue.

Buck liet een zacht gejank horen, zijn enthousiasme nauwelijks te beteugelen.

Les spectateurs observaient avec curiosité la tension qui emplissait l'air.

De omstanders keken nieuwsgierig toe hoe de spanning in de lucht hing.

Le moment semblait presque irréel, comme quelque chose qui dépassait la raison.

Het voelde een bijna onwerkelijk moment, als iets wat de rede te boven ging.

Lorsque Thornton se leva, Buck prit doucement sa main dans ses mâchoires.

Toen Thornton opstond, pakte Buck zachtjes zijn hand vast.

Il appuya avec ses dents, puis relâcha lentement et doucement.

Hij drukte met zijn tanden op de tanden en liet ze toen langzaam en voorzichtig los.

C'était une réponse silencieuse d'amour, non prononcée, mais comprise.

Het was een stil antwoord van liefde, niet uitgesproken, maar begrepen.

Thornton s'éloigna du chien et donna le signal.

Thornton deed een stap op afstand van de hond en gaf het signaal.

« Maintenant, Buck », dit-il, et Buck répondit avec un calme concentré.

"Nou, Buck," zei hij, en Buck reageerde met geconcentreerde kalmte.

Buck a resserré les traces, puis les a desserrées de quelques centimètres.

Buck spande de sporen aan, en draaide ze daarna een paar centimeter losser.

C'était la méthode qu'il avait apprise ; sa façon de briser le traîneau.

Dit was de methode die hij had geleerd; zijn manier om de slee te breken.

« Tiens ! » cria Thornton, sa voix aiguë dans le silence pesant.

"Jee!" riep Thornton, zijn stem scherp in de zware stilte.

Buck se tourna vers la droite et se jeta de tout son poids.

Buck draaide zich naar rechts en haalde met zijn hele gewicht uit.

Le mou disparut et toute la masse de Buck heurta les lignes serrées.

De speling verdween en Bucks volle massa kwam in de nauwe doorgangen terecht.

Le traîneau tremblait et les patins émettaient un bruit de crépitement.

De slee trilde en de lopers maakten een krakend geluid.

« Haw ! » ordonna Thornton, changeant à nouveau la direction de Buck.

"Ha!" beval Thornton, terwijl hij Buck weer van richting veranderde.

Buck répéta le mouvement, cette fois en tirant brusquement vers la gauche.

Buck herhaalde de beweging, maar deze keer trok hij scherp naar links.

Le traîneau craquait plus fort, les patins claquaient et se déplaçaient.

De slee kraakte steeds harder, de renners knapten en bewogen.

La lourde charge glissait légèrement latéralement sur la neige gelée.

De zware last gleed lichtjes zijwaarts over de bevroren sneeuw.

Le traîneau s'était libéré de l'emprise du sentier glacé !

De slee was losgebroken uit de greep van het ijzige pad!

Les hommes retenaient leur souffle, ignorant qu'ils ne respiraient même pas.

De mannen hielden hun adem in, zich er niet van bewust dat ze niet ademden.

« Maintenant, TIREZ ! » cria Thornton à travers le silence glacial.

"Nu, TREK!" riep Thornton door de bevroren stilte.

L'ordre de Thornton résonna fort, comme le claquement d'un fouet.

Thorntons bevel klonk scherp, als het geluid van een zweep.

Buck se jeta en avant avec un mouvement violent et saccadé.

Buck wierp zich naar voren met een felle en schokkende uitval.

Tout son corps se tendit et se contracta sous l'énorme tension.

Zijn hele lichaam spande zich aan en werd onrustig door de enorme druk.

Des muscles ondulaient sous sa fourrure comme des serpents prenant vie.

Spieren rimpelden onder zijn vacht alsof er slangen tot leven kwamen.

Sa large poitrine était basse, la tête tendue vers l'avant en direction du traîneau.

Zijn grote borst was laag en hij had zijn hoofd vooruit gericht, richting de slee.

Ses pattes bougeaient comme l'éclair, ses griffes tranchant le sol gelé.

Zijn poten bewogen als bliksemschichten, zijn klauwen sneden door de bevroren grond.

Des rainures ont été creusées profondément alors qu'il luttait pour chaque centimètre de traction.

Hij sneed diepe groeven in de grond terwijl hij vocht voor elke centimeter grip.

Le traîneau se balança, trembla et commença un mouvement lent et agité.

De slee schommelde, trilde en begon langzaam en onrustig te bewegen.

Un pied a glissé et un homme dans la foule a gémi à haute voix.

Eén voet gleed uit en een man in de menigte kreunde luid.

Puis le traîneau s'élança en avant dans un mouvement saccadé et brusque.

Toen schoot de slee met een schokkende, ruwe beweging naar voren.

Cela ne s'est pas arrêté à nouveau - un demi-pouce... un pouce... deux pouces de plus.

Het stopte niet opnieuw - een halve inch... een inch... twee inches meer.

Les secousses devinrent plus faibles à mesure que le traîneau commençait à prendre de la vitesse.

Naarmate de slee meer snelheid kreeg, werden de schokken minder.

Bientôt, Buck tirait avec une puissance douce et régulière.

Al snel trok Buck met soepele, gelijkmatige, rollende kracht.

Les hommes haletèrent et finirent par se rappeler de respirer à nouveau.

Mannen snakten naar adem en konden pas weer ademhalen.

Ils n'avaient pas remarqué que leur souffle s'était arrêté de stupeur.

Ze hadden niet gemerkt dat hun adem stokte van ontzag.

Thornton courait derrière, lançant des ordres courts et joyeux.

Thornton rende achter hen aan en riep korte, vrolijke commando's.

Devant nous se trouvait une pile de bois de chauffage qui marquait la distance.

Voor ons lag een stapel brandhout die de afstand markeerde.

Alors que Buck s'approchait du tas, les acclamations devenaient de plus en plus fortes.

Terwijl Buck de stapel naderde, werd het gejuich steeds luider.

Les acclamations se sont transformées en rugissement lorsque Buck a dépassé le point d'arrivée.

Het gejuich groeide uit tot een gebrul toen Buck het eindpunt passeerde.

Les hommes ont sauté et crié, même Matthewson a esquissé un sourire.

Mannen sprongen en schreeuwden, zelfs Matthewson begon te grijnzen.

Les chapeaux volaient dans les airs, les mitaines étaient lancées sans réfléchir ni viser.

Hoeden vlogen door de lucht, wanten werden gedachteloos en doelloos weggegooid.

Les hommes se sont attrapés et se sont serré la main sans savoir à qui.

Mannen pakten elkaar vast en schudden elkaar de hand, zonder dat ze wisten wie.

Toute la foule bourdonnait d'une célébration folle et joyeuse.

De hele menigte was uitgelaten en uitgelaten in feestvreugde.

Thornton tomba à genoux à côté de Buck, les mains tremblantes.

Thornton knielde met trillende handen naast Buck neer.

Il pressa sa tête contre celle de Buck et le secoua doucement d'avant en arrière.

Hij drukte zijn hoofd tegen dat van Buck en schudde hem zachtjes heen en weer.

Ceux qui s'approchaient l'entendaient maudire le chien avec un amour silencieux.

Degenen die dichterbij kwamen hoorden hem met stille liefde de hond vervloeken.

Il a insulté Buck pendant un long moment, doucement, chaleureusement, avec émotion.

Hij vloekte langdurig tegen Buck, zacht, warm en emotioneel.

« Bien, monsieur ! Bien, monsieur ! » s'écria précipitamment le roi du Banc Skookum.

"Goed, meneer! Goed, meneer!" riep de koning van de Skookum Bench haastig.

« Je vous donne mille, non, douze cents, pour ce chien, monsieur ! »

"Ik geef u duizend, nee, twaalfhonderd, voor die hond, meneer!"

Thornton se leva lentement, les yeux brillants d'émotion.

Thornton stond langzaam op, zijn ogen straalden van emotie.

Les larmes coulaient ouvertement sur ses joues sans aucune honte.

Tranen stroomden schaamteloos over zijn wangen.

« Monsieur », dit-il au roi du banc Skookum, ferme et posé.

"Meneer," zei hij tegen de koning van de Skookum Bench, standvastig en vastberaden

« Non, monsieur. Allez au diable, monsieur. C'est ma réponse définitive. »

"Nee, meneer. U kunt naar de hel lopen, meneer. Dat is mijn definitieve antwoord."

Buck attrapa doucement la main de Thornton dans ses mâchoires puissantes.

Buck greep Thorntons hand zachtjes vast met zijn sterke kaken.

Thornton le secoua de manière enjouée, leur lien étant plus profond que jamais.

Thornton schudde hem speels; hun band was nog steeds hecht.

La foule, émue par l'instant, recula en silence.

De menigte, ontroerd door het moment, deed in stilte een stap achteruit.

Dès lors, personne n'osa interrompre cette affection si sacrée.

Vanaf dat moment durfde niemand meer zo'n heilige genegenheid te onderbreken.

Le son de l'appel
Het geluid van de roep

Buck avait gagné seize cents dollars en cinq minutes.
Buck had in vijf minuten zestienhonderd dollar verdiend.

Cet argent a permis à John Thornton de payer une partie de ses dettes.
Met het geld kon John Thornton een deel van zijn schulden afbetalen.

Avec le reste de l'argent, il se dirigea vers l'Est avec ses partenaires.
Met de rest van het geld vertrok hij met zijn partners naar het oosten.

Ils cherchaient une mine perdue légendaire, aussi vieille que le pays lui-même.
Ze zochten naar een legendarische verloren mijn, die net zo oud was als het land zelf.

Beaucoup d'hommes avaient cherché la mine, mais peu l'avaient trouvée.
Veel mannen hadden naar de mijn gezocht, maar weinigen hadden hem ooit gevonden.

Plus d'un homme avait disparu au cours de cette quête dangereuse.
Tijdens de gevaarlijke zoektocht waren er nogal wat mannen verdwenen.

Cette mine perdue était enveloppée à la fois de mystère et d'une vieille tragédie.
Deze verloren mijn was omgeven door mysterie en oude tragedie.

Personne ne savait qui avait été le premier homme à découvrir la mine.
Niemand wist wie de eerste man was die de mijn had gevonden.

Les histoires les plus anciennes ne mentionnent personne par son nom.
In de oudste verhalen wordt niemand bij naam genoemd.

Il y avait toujours eu là une vieille cabane délabrée.

Er heeft altijd een oude, bouwvallige hut gestaan.

Des hommes mourants avaient juré qu'il y avait une mine à côté de cette vieille cabane.

Stervende mannen hadden gezworen dat er naast die oude hut een mijn lag.

Ils ont prouvé leurs histoires avec de l'or comme on n'en trouve nulle part ailleurs.

Ze bewezen hun verhalen met goud, zoals je dat nergens anders kunt vinden.

Aucune âme vivante n'avait jamais pillé le trésor de cet endroit.

Geen enkel levend wezen had ooit de schat van die plek meegenomen.

Les morts étaient morts, et les morts ne racontent pas d'histoires.

De doden waren dood, en dode mannen vertellen geen verhalen.

Thornton et ses amis se dirigèrent donc vers l'Est.

Thornton en zijn vrienden vertrokken dus naar het oosten.

Pete et Hans se sont joints à eux, amenant Buck et six chiens forts.

Pete en Hans gingen mee en brachten Buck en zes sterke honden mee.

Ils se sont lancés sur un chemin inconnu là où d'autres avaient échoué.

Ze gingen een onbekend pad op, waar anderen faalden.

Ils ont parcouru soixante-dix milles en traîneau sur le fleuve Yukon gelé.

Ze sleeën honderd kilometer over de bevroren Yukon rivier.

Ils tournèrent à gauche et suivirent le sentier jusqu'au Stewart.

Ze sloegen linksaf en volgden het pad naar de Stewart.

Ils passèrent le Mayo et le McQuestion, poursuivant leur route.

Ze passeerden de Mayo en McQuestion en liepen steeds verder.

Le Stewart s'est rétréci en un ruisseau, traversant des pics déchiquetés.

De Stewart kromp tot een stroom met grillige pieken.

Ces pics acérés marquaient l'épine dorsale même du continent.

Deze scherpe pieken vormden de ruggengraat van het continent.

John Thornton exigeait peu des hommes ou de la nature sauvage.

John Thornton stelde weinig eisen aan de mensen of aan de wildernis.

Il ne craignait rien dans la nature et affrontait la nature sauvage avec aisance.

Hij was nergens bang voor in de natuur en trotseerde de wildernis met gemak.

Avec seulement du sel et un fusil, il pouvait voyager où il le souhaitait.

Met alleen zout en een geweer kon hij reizen waarheen hij wilde.

Comme les indigènes, il chassait de la nourriture pendant ses voyages.

Net als de inheemse bevolking ging hij op jacht naar voedsel tijdens zijn reizen.

S'il n'attrapait rien, il continuait, confiant en la chance qui l'attendait.

Als hij niets ving, ging hij gewoon door, vertrouwend op het geluk dat hem te wachten stond.

Au cours de ce long voyage, la viande était la principale nourriture qu'ils mangeaient.

Tijdens deze lange reis was vlees het belangrijkste voedsel.

Le traîneau contenait des outils et des munitions, mais aucun horaire strict.

De slee bevatte gereedschap en munitie, maar er was geen sprake van een vast tijdschema.

Buck adorait cette errance, la chasse et la pêche sans fin.

Buck hield van dit omzwervingen; van het eindeloze jagen en vissen.

Pendant des semaines, ils ont voyagé jour après jour.
Wekenlang waren ze dag in dag uit op reis.
D'autres fois, ils établissaient des camps et restaient immobiles pendant des semaines.
Soms zetten ze kampen op en bleven dan wekenlang stil.
Les chiens se reposaient pendant que les hommes creusaient dans la terre gelée.
De honden rustten uit terwijl de mannen door de bevroren grond groeven.
Ils chauffaient des poêles sur des feux et cherchaient de l'or caché.
Ze verwarmden pannen op vuren en zochten naar verborgen goud.
Certains jours, ils souffraient de faim, et d'autres jours, ils faisaient des festins.
Soms leden ze honger, en andere dagen vierden ze feest.
Leurs repas dépendaient du gibier et de la chance de la chasse.
Hun maaltijden waren afhankelijk van het wild en het geluk bij de jacht.
Quand l'été arrivait, les hommes et les chiens chargeaient des charges sur leur dos.
Toen de zomer aanbrak, namen mannen en honden allerlei lasten op hun rug.
Ils ont fait du rafting sur des lacs bleus cachés dans des forêts de montagne.
Ze raften over blauwe meren die verborgen lagen in de bergbossen.
Ils naviguaient sur des bateaux minces sur des rivières qu'aucun homme n'avait jamais cartographiées.
Ze voeren in smalle bootjes over rivieren die nog nooit door iemand in kaart waren gebracht.
Ces bateaux ont été construits à partir d'arbres sciés dans la nature.
Die boten waren gemaakt van bomen die ze in het wild hadden omgezaagd.

Les mois passèrent et ils sillonnèrent des terres sauvages et inconnues.

De maanden verstreken en ze kronkelden door de wilde, onbekende streken.

Il n'y avait pas d'hommes là-bas, mais de vieilles traces suggéraient qu'il y en avait eu.

Er waren geen mannen aanwezig, maar oude sporen wezen erop dat er wel mannen waren geweest.

Si la Cabane Perdue était réelle, alors d'autres étaient déjà passés par là.

Als de Lost Cabin echt is, dan zijn er ook anderen langs gekomen.

Ils traversaient des cols élevés dans des blizzards, même pendant l'été.

Ze staken tijdens sneeuwstormen hoge bergpassen over, zelfs in de zomer.

Ils frissonnaient sous le soleil de minuit sur les pentes nues des montagnes.

Ze rilden onder de middernachtzon op de kale berghellingen.

Entre la limite des arbres et les champs de neige, ils montaient lentement.

Tussen de boomgrens en de sneeuwvelden klommen ze langzaam.

Dans les vallées chaudes, ils écrasaient des nuages de moucherons et de mouches.

In warme valleien sloegen ze op wolken muggen en vliegen af.

Ils cueillaient des baies sucrées près des glaciers en pleine floraison estivale.

Ze plukten zoete bessen vlak bij gletsjers die in de zomer volop in bloei stonden.

Les fleurs qu'ils ont trouvées étaient aussi belles que celles du Southland.

De bloemen die ze vonden waren net zo mooi als die in het Zuiden.

Cet automne-là, ils atteignirent une région solitaire remplie de lacs silencieux.

Die herfst bereikten ze een eenzaam gebied vol stille meren.

La terre était triste et vide, autrefois pleine d'oiseaux et de bêtes.

Het land was triest en leeg. Ooit was het een plek vol vogels en dieren.

Il n'y avait plus de vie, seulement le vent et la glace qui se formait dans les flaques.

Er was geen leven meer, alleen de wind en het ijs dat zich vormde in de plassen.

Les vagues s'écrasaient sur les rivages déserts avec un son doux et lugubre.

Golven klotsten tegen de lege kusten met een zacht, treurig geluid.

Un autre hiver arriva et ils suivirent à nouveau de vieux sentiers lointains.

Er brak een nieuwe winter aan en ze volgden weer vage, oude paden.

C'étaient les traces d'hommes qui les avaient cherchés bien avant eux.

Dit waren de sporen van mannen die al lang vóór hen op zoek waren.

Un jour, ils trouvèrent un chemin creusé profondément dans la forêt sombre.

Op een dag vonden ze een pad diep in het donkere bos.

C'était un vieux sentier, et ils sentaient que la cabane perdue était proche.

Het was een oud pad en ze hadden het gevoel dat de verloren hut dichtbij was.

Mais le sentier ne menait nulle part et s'enfonçait dans les bois épais.

Maar het pad leidde nergens heen en verdween in het dichte bos.

Personne ne savait qui avait fait ce sentier et pourquoi.

Wie het pad ook had aangelegd en waarom, niemand wist het.

Plus tard, ils ont trouvé l'épave d'un lodge caché parmi les arbres.

Later vonden ze het wrak van een hut, verscholen tussen de bomen.

Des couvertures pourries gisaient éparpillées là où quelqu'un avait dormi.

Rottende dekens lagen verspreid op de plek waar ooit iemand had geslapen.

John Thornton a trouvé un fusil à silex à long canon enterré à l'intérieur.

John Thornton vond er een vuursteengeweer met een lange loop in begraven.

Il savait qu'il s'agissait d'un fusil de la Baie d'Hudson depuis les premiers jours de son commerce.

Hij wist al vanaf het begin dat dit een Hudson Bay-geweer was.

À cette époque, ces armes étaient échangées contre des piles de peaux de castor.

In die tijd werden zulke geweren geruild voor stapels bevervellen.

C'était tout : il ne restait aucune trace de l'homme qui avait construit le lodge.

Dat was alles. Er was geen spoor meer over van de man die de lodge had gebouwd.

Le printemps est revenu et ils n'ont trouvé aucun signe de la Cabane Perdue.

De lente brak weer aan en er was geen spoor te bekennen van de Verloren Hut.

Au lieu de cela, ils trouvèrent une large vallée avec un ruisseau peu profond.

In plaats daarvan vonden ze een brede vallei met een ondiepe beek.

L'or recouvrait le fond des casseroles comme du beurre jaune et lisse.

Het goud lag op de bodem van de pannen, als gladde, gele boter.

Ils s'arrêtèrent là et ne cherchèrent plus la cabane.

Ze bleven daar staan en zochten niet verder naar de hut.

Chaque jour, ils travaillaient et trouvaient des milliers de pièces d'or en poudre.

Elke dag werkten ze en vonden duizenden exemplaren in goudstof.

Ils ont emballé l'or dans des sacs de peau d'élan, de cinquante livres chacun.

Ze verpakten het goud in zakken van elandenhuid, elk 50 kilo zwaar.

Les sacs étaient empilés comme du bois de chauffage à l'extérieur de leur petite loge.

De zakken stonden als brandhout opgestapeld buiten hun kleine hut.

Ils travaillaient comme des géants et les jours passaient comme des rêves rapides.

Ze werkten als reuzen en de dagen vlogen voorbij als dromen die snel voorbijgingen.

Ils ont amassé des trésors au fil des jours sans fin.

Ze verzamelden schatten terwijl de eindeloze dagen snel voorbijgingen.

Les chiens n'avaient pas grand-chose à faire, à part transporter de la viande de temps en temps.

De honden hadden weinig anders te doen dan af en toe vlees te slepen.

Thornton chassait et tuait le gibier, et Buck restait allongé près du feu.

Thornton jaagde en doodde het wild, terwijl Buck bij het vuur lag.

Il a passé de longues heures en silence, perdu dans ses pensées et ses souvenirs.

Hij bracht lange uren in stilte door, verloren in gedachten en herinneringen.

L'image de l'homme poilu revenait de plus en plus souvent à l'esprit de Buck.

Het beeld van de harige man kwam steeds vaker in gedachten bij Buck.

Maintenant que le travail se faisait rare, Buck rêvait en clignant des yeux devant le feu.

Nu het werk schaars was, droomde Buck terwijl hij met zijn ogen knipperend naar het vuur keek.

Dans ces rêves, Buck errait avec l'homme dans un autre monde.

In die dromen zwierf Buck met de man rond in een andere wereld.

La peur semblait être le sentiment le plus fort dans ce monde lointain.

Angst leek het sterkste gevoel in die verre wereld.

Buck vit l'homme poilu dormir avec la tête baissée.

Buck zag de harige man slapen met zijn hoofd gebogen.

Ses mains étaient jointes et son sommeil était agité et interrompu.

Hij had zijn handen gevouwen en sliep onrustig en onderbroken.

Il se réveillait en sursaut et regardait avec crainte dans le noir.

Hij schrok vaak wakker en staarde angstig in de duisternis.

Ensuite, il jetait plus de bois sur le feu pour garder la flamme vive.

Dan gooide hij meer hout op het vuur om de vlam brandend te houden.

Parfois, ils marchaient le long d'une plage au bord d'une mer grise et infinie.

Soms liepen ze langs een strand met een eindeloze, grijze zee.

L'homme poilu ramassait des coquillages et les mangeait en marchant.

De harige man verzamelde schelpdieren en at ze terwijl hij liep.

Ses yeux cherchaient toujours des dangers cachés dans l'ombre.

Zijn ogen zochten voortdurend naar verborgen gevaren in de schaduwen.

Ses jambes étaient toujours prêtes à sprinter au premier signe de menace.

Zijn benen stonden altijd klaar om te sprinten zodra er sprake was van dreiging.

Ils rampaient à travers la forêt, silencieux et méfiants, côte à côte.

Ze slopen zij aan zij, stil en op hun hoede, door het bos.

Buck le suivit sur ses talons, et tous deux restèrent vigilants.

Buck volgde hem op de hielen en ze bleven allebei alert.

Leurs oreilles frémissaient et bougeaient, leurs nez reniflaient l'air.

Hun oren trilden en bewogen, hun neuzen snuffelden in de lucht.

L'homme pouvait entendre et sentir la forêt aussi intensément que Buck.

De man kon het bos net zo scherp horen en ruiken als Buck.

L'homme poilu se balançait à travers les arbres avec une vitesse soudaine.

De harige man zwaaide met plotselinge snelheid door de bomen.

Il sautait de branche en branche, sans jamais lâcher prise.

Hij sprong van tak naar tak, zonder zijn grip te verliezen.

Il se déplaçait aussi vite au-dessus du sol que sur celui-ci.

Hij bewoog zich net zo snel boven de grond als erop.

Buck se souvenait des longues nuits passées sous les arbres, à veiller.

Buck herinnert zich de lange nachten dat hij onder de bomen de wacht hield.

L'homme dormait perché dans les branches, s'accrochant fermement.

De man sliep terwijl hij zich stevig vastklampte aan de takken.

Cette vision de l'homme poilu était étroitement liée à l'appel des profondeurs.

Dit beeld van de harige man was nauw verbonden met de diepe roep.

L'appel résonnait toujours à travers la forêt avec une force obsédante.

De roep klonk nog steeds met een spookachtige kracht door het bos.

L'appel remplit Buck de désir et d'un sentiment de joie incessant.

De oproep vervulde Buck met verlangen en een rusteloos
gevoel van vreugde.

**Il ressentait d'étranges pulsions et des frémissements qu'il
ne pouvait nommer.**

Hij voelde vreemde verlangens en bewegingen die hij niet kon
benoemen.

**Parfois, il suivait l'appel au plus profond des bois
tranquilles.**

Soms volgde hij de roep tot diep in het stille bos.

**Il cherchait l'appel, aboyant doucement ou fort au fur et à
mesure.**

Hij zocht naar de roep en blafte zachtjes of hard terwijl hij
verder ging.

Il renifla la mousse et la terre noire où poussaient les herbes.

Hij besnuffelde het mos en de zwarte aarde waar het gras
groeide.

Il renifla de plaisir aux riches odeurs de la terre profonde.

Hij snoof van genot bij het ruiken van de rijke geuren uit de
diepe aarde.

**Il s'est accroupi pendant des heures derrière des troncs
couverts de champignons.**

Hij hurkte urenlang achter met schimmel bedekte stammen.

**Il resta immobile, écoutant les yeux écarquillés chaque petit
bruit.**

Hij bleef stil zitten en luisterde met grote ogen naar elk klein
geluidje.

**Il espérait peut-être surprendre la chose qui avait lancé
l'appel.**

Misschien hoopte hij hiermee het wezen dat de oproep deed te
verrassen.

**Il ne savait pas pourquoi il agissait de cette façon, il le faisait
simplement.**

Hij wist niet waarom hij zo handelde. Hij deed het gewoon.

**Les pulsions venaient du plus profond de moi, au-delà de la
pensée ou de la raison.**

De aandrang kwam van diep van binnen, voorbij het denken
en de rede.

Des envies irrésistibles s'emparèrent de Buck sans avertissement ni raison.

Zonder waarschuwing of reden werd Buck overvallen door onweerstaanbare verlangens.

Parfois, il somnolait paresseusement dans le camp sous la chaleur de midi.

Soms lag hij lui te doezelen in het kamp, in de middaghitte.

Soudain, sa tête se releva et ses oreilles se dressèrent en alerte.

Opeens hief hij zijn hoofd op en richtte zijn oren zich op de waarschuwingssignalen.

Puis il se leva d'un bond et se précipita dans la nature sans s'arrêter.

Toen sprong hij overeind en rende zonder aarzelen de wildernis in.

Il a couru pendant des heures à travers les sentiers forestiers et les espaces ouverts.

Hij rende urenlang door bospaden en open ruimtes.

Il aimait suivre les lits des ruisseaux asséchés et espionner les oiseaux dans les arbres.

Hij hield ervan om droge kreekbeddingen te observeren en vogels in de bomen te bespieden.

Il pouvait rester caché toute la journée, à regarder les perdrix se pavaner.

Hij zou de hele dag verborgen kunnen blijven en naar de rondparaderende patrijzen kunnen kijken.

Ils tambourinaient et marchaient, inconscients de la présence de Buck.

Ze trommelden en marcheerden, zich niet bewust van de stille aanwezigheid van Buck.

Mais ce qu'il aimait le plus, c'était courir au crépuscule en été.

Maar het allerleukste vond hij hardlopen in de schemering van de zomer.

La faible lumière et les bruits endormis de la forêt le remplissaient de joie.

Het schemerige licht en de slaperige geluiden van het bos vervulden hem met vreugde.

Il lisait les panneaux forestiers aussi clairement qu'un homme lit un livre.

Hij las de aanwijzingen in het bos zo duidelijk als een man een boek leest.

Et il cherchait toujours la chose étrange qui l'appelait.

En hij bleef zoeken naar het vreemde ding dat hem riep.

Cet appel ne s'est jamais arrêté : il l'atteignait qu'il soit éveillé ou endormi.

Die roeping hield nooit op; hij bleef hem roepen, of hij nu wakker was of sliep.

Une nuit, il se réveilla en sursaut, les yeux perçants et les oreilles hautes.

Op een nacht werd hij met een schok wakker, met scherpe ogen en gespitste oren.

Ses narines se contractaient tandis que sa crinière se dressait en vagues.

Zijn neusgaten trilden en zijn manen stonden in golven overeind.

Du plus profond de la forêt, le son résonna à nouveau, le vieil appel.

Diep uit het bos klonk weer het geluid, de oude roep.

Cette fois, le son résonnait clairement, un hurlement long, obsédant et familier.

Deze keer klonk het geluid duidelijk, een lang, spookachtig en bekend gehuil.

C'était comme le cri d'un husky, mais d'un ton étrange et sauvage.

Het klonk als de roep van een husky, maar dan vreemd en wild van toon.

Buck reconnut immédiatement le son – il avait entendu exactement le même son depuis longtemps.

Buck herkende het geluid meteen: hij had het geluid al lang geleden gehoord.

Il sauta à travers le camp et disparut rapidement dans les bois.

Hij sprong door het kamp en verdween snel in het bos.

Alors qu'il s'approchait du bruit, il ralentit et se déplaça avec précaution.

Toen hij dichterbij het geluid kwam, vertraagde hij zijn pas en bewoog hij zich voorzichtig voort.

Bientôt, il atteignit une clairière entre d'épais pins.

Al snel bereikte hij een open plek tussen de dichte pijnbomen.

Là, debout sur ses pattes arrière, était assis un loup des bois grand et maigre.

Daar, rechtop zittend, zat een grote, magere wolf.

Le nez du loup pointait vers le ciel, résonnant toujours de l'appel.

De neus van de wolf wees naar de hemel en bleef de roep echoën.

Buck n'avait émis aucun son, mais le loup s'arrêta et écouta.

Buck maakte geen enkel geluid, maar de wolf bleef staan en luisterde.

Sentant quelque chose, le loup se tendit, scrutant l'obscurité.

Toen de wolf iets voelde, spande hij zich in en begon de duisternis af te zoeken.

Buck apparut en rampant, le corps bas, les pieds immobiles sur le sol.

Buck kwam in beeld, zijn lichaam gebogen, zijn voeten stil op de grond.

Sa queue était droite, son corps enroulé sous la tension.

Zijn staart was recht en zijn lichaam was strak gespannen.

Il a montré à la fois une menace et une sorte d'amitié brutale.

Hij toonde zowel dreiging als een soort ruwe vriendschap.

C'était le salut prudent partagé par les bêtes sauvages.

Het was de voorzichtige begroeting van wilde dieren.

Mais le loup se retourna et s'enfuit dès qu'il vit Buck.

Maar de wolf draaide zich om en vluchtte zodra hij Buck zag.

Buck se lança à sa poursuite, sautant sauvagement, désireux de le rattraper.

Buck zette de achtervolging in en sprong wild, in de hoop hem in te halen.

Il suivit le loup dans un ruisseau asséché bloqué par un embâcle.

Hij volgde de wolf een droge kreek in, die geblokkeerd werd door een stuk hout.

Acculé, le loup se retourna et tint bon.

In het nauw gedreven draaide de wolf zich om en bleef staan.

Le loup grognait et claquait comme un chien husky pris au piège dans un combat.

De wolf gromde en beet als een gevangen husky in een gevecht.

Les dents du loup claquaient rapidement, son corps se hérissant d'une fureur sauvage.

De tanden van de wolf klikten snel en zijn lichaam straalde van woede.

Buck n'attaqua pas mais encercla le loup avec une gentillesse prudente.

Buck viel niet aan, maar liep met voorzichtige en vriendelijke handjes om de wolf heen.

Il a essayé de bloquer sa fuite par des mouvements lents et inoffensifs.

Hij probeerde zijn ontsnapping te blokkeren met langzame, ongevaarlijke bewegingen.

Le loup était méfiant et effrayé : Buck le dépassait trois fois.

De wolf was op zijn hoede en bang. Buck was drie keer zo zwaar als hij.

La tête du loup atteignait à peine l'épaule massive de Buck.

De kop van de wolf reikte nauwelijks tot aan Bucks enorme schouder.

À l'affût d'une brèche, le loup s'est enfui et la poursuite a repris.

De wolf zocht naar een opening, ging ervandoor en de achtervolging begon opnieuw.

Plusieurs fois, Buck l'a coincé et la danse s'est répétée.

Buck dreef hem meerdere malen in het nauw, en de dans herhaalde zich.

Le loup était maigre et faible, sinon Buck n'aurait pas pu l'attraper.

De wolf was mager en zwak, anders had Buck hem niet kunnen vangen.

Chaque fois que Buck s'approchait, le loup se retournait et lui faisait face avec peur.

Elke keer dat Buck dichterbij kwam, draaide de wolf zich om en keek hem angstig aan.

Puis, à la première occasion, il s'est précipité dans les bois une fois de plus.

Toen hij de eerste de beste kans kreeg, rende hij opnieuw het bos in.

Mais Buck n'a pas abandonné et finalement le loup a fini par lui faire confiance.

Maar Buck gaf niet op en uiteindelijk kreeg de wolf vertrouwen in hem.

Il renifla le nez de Buck, et les deux devinrent joueurs et alertes.

Hij snoof aan Bucks neus en de twee werden speels en alert.

Ils jouaient comme des animaux sauvages, féroces mais timides dans leur joie.

Ze speelden als wilde dieren, woest maar toch verlegen van vreugde.

Au bout d'un moment, le loup s'éloigna au trot avec un calme déterminé.

Na een tijdje draafde de wolf kalm en vastberaden weg.

Il a clairement montré à Buck qu'il voulait être suivi.

Hij maakte Buck duidelijk dat hij gevolgd wilde worden.

Ils couraient côte à côte dans l'obscurité du crépuscule.

Ze renden zij aan zij door de duisternis van de schemering.

Ils suivirent le lit du ruisseau jusqu'à la gorge rocheuse.

Ze volgden de kreekbedding tot in de rotsachtige kloof.

Ils traversèrent une ligne de partage des eaux froide où le ruisseau avait pris sa source.

Ze staken een koude waterscheiding over waar de beek begon.

Sur la pente la plus éloignée, ils trouvèrent une vaste forêt et de nombreux ruisseaux.

Op de verre helling vonden ze uitgestrekte bossen en veel beken.

À travers ce vaste territoire, ils ont couru pendant des heures sans s'arrêter.

Ze renden urenlang door dit uitgestrekte land, zonder te stoppen.

Le soleil se leva plus haut, l'air devint chaud, mais ils continuèrent à courir.

De zon kwam hoger op, de lucht werd warmer, maar ze renden verder.

Buck était rempli de joie : il savait qu'il répondait à son appel.

Buck was vervuld van vreugde: hij wist dat hij zijn roeping volgde.

Il courut à côté de son frère de la forêt, plus près de la source de l'appel.

Hij rende naast zijn bosbroeder, dichter bij de bron van de oproep.

De vieux sentiments sont revenus, puissants et difficiles à ignorer.

Oude gevoelens kwamen terug, krachtig en moeilijk te negeren.

C'étaient les vérités derrière les souvenirs de ses rêves.

Dit waren de waarheden achter de herinneringen uit zijn dromen.

Il avait déjà fait tout cela auparavant, dans un monde lointain et obscur.

Hij had dit allemaal al eerder gedaan in een verre, duistere wereld.

Il recommença alors, courant librement avec le ciel ouvert au-dessus.

Nu deed hij dit nog een keer, hij rende wild rond in de open lucht.

Ils s'arrêtèrent près d'un ruisseau pour boire l'eau froide qui coulait.

Ze hielden halt bij een beek om van het koude, stromende water te drinken.

Alors qu'il buvait, Buck se souvint soudain de John Thornton.

Terwijl hij dronk, herinnerde Buck zich plotseling John Thornton.

Il s'assit en silence, déchiré par l'attrait de la loyauté et de l'appel.

Hij ging in stilte zitten, verscheurd door de aantrekkingskracht van loyaliteit en de roeping.

Le loup continua à trotter, mais revint pour pousser Buck à avancer.

De wolf draafde verder, maar kwam later terug om Buck aan te sporen verder te gaan.

Il renifla son nez et essaya de le cajoler avec des gestes doux.

Hij snoof aan zijn neus en probeerde hem met zachte gebaren te verleiden.

Mais Buck se retourna et reprit le chemin par lequel il était venu.

Maar Buck draaide zich om en liep dezelfde weg terug.

Le loup courut à côté de lui pendant un long moment, gémissant doucement.

De wolf rende een hele tijd naast hem en jankte zachtjes.

Puis il s'assit, leva le nez et poussa un long hurlement.

Toen ging hij zitten, hief zijn neus op en liet een langgerekte huil horen.

C'était un cri lugubre, qui s'adoucit à mesure que Buck s'éloignait.

Het was een treurige kreet, die zachter werd toen Buck wegliep.

Buck écouta le son du cri s'estomper lentement dans le silence de la forêt.

Buck luisterde terwijl het geluid van de kreet langzaam overging in de stilte van het bos.

John Thornton était en train de dîner lorsque Buck a fait irruption dans le camp.

John Thornton was aan het eten toen Buck het kamp binnenstormde.

Buck sauta sauvagement sur lui, le léchant, le mordant et le faisant culbuter.

Buck sprong wild op hem, likte, beet en gooide hem omver.

Il l'a renversé, s'est hissé dessus et l'a embrassé sur le visage.

Hij gooide hem omver, klom erop en kuste zijn gezicht.

Thornton appelait cela avec affection « jouer le fou du commun ».

Thornton noemde dit met liefde 'de generaal de dwaas uithangen'.

Pendant tout ce temps, il maudissait doucement Buck et le secouait d'avant en arrière.

Ondertussen vervloekte hij Buck zachtjes en schudde hem heen en weer.

Pendant deux jours et deux nuits entières, Buck n'a pas quitté le camp une seule fois.

Twee hele dagen en nachten verliet Buck het kamp niet.

Il est resté proche de Thornton et ne l'a jamais quitté des yeux.

Hij bleef dicht bij Thornton en verloor hem geen moment uit het oog.

Il le suivait pendant qu'il travaillait et le regardait pendant qu'il mangeait.

Hij volgde hem terwijl hij werkte en keek hem na terwijl hij at.

Il voyait Thornton dans ses couvertures la nuit et dehors chaque matin.

Hij zag Thornton 's nachts onder zijn dekens en elke ochtend er weer uit.

Mais bientôt l'appel de la forêt revint, plus fort que jamais.

Maar al snel kwam de roep van het bos terug, luider dan ooit tevoren.

Buck devint à nouveau agité, agité par les pensées du loup sauvage.

Buck werd weer onrustig, hij dacht alleen maar aan de wilde wolf.

Il se souvenait de la terre ouverte et de la course côte à côte.

Hij herinnerde zich het open land en het naast elkaar leven.

Il commença à errer à nouveau dans la forêt, seul et alerte.

Hij begon opnieuw door het bos te dwalen, alleen en alert.

Mais le frère sauvage ne revint pas et le hurlement ne fut pas entendu.

Maar de wilde broer kwam niet terug, en het gehuil werd niet gehoord.

Buck a commencé à dormir dehors, restant absent pendant des jours.

Buck begon buiten te slapen en bleef soms dagenlang weg.

Une fois, il traversa la haute ligne de partage des eaux où le ruisseau commençait.

Toen hij de hoge waterscheiding overstak waar de kreek begon.

Il entra dans le pays des bois sombres et des larges ruisseaux.

Hij betrad het land van het donkere bos en de brede stromende beken.

Pendant une semaine, il a erré, à la recherche de signes de son frère sauvage.

Een week lang zwierf hij rond, op zoek naar sporen van zijn wilde broer.

Il tuait sa propre viande et voyageait à grands pas, sans relâche.

Hij slachtte zijn eigen vlees en reisde met lange, onvermoeibare stappen.

Il pêchait le saumon dans une large rivière qui se jetait dans la mer.

Hij viste op zalm in een brede rivier die tot aan de zee reikte.

Là, il combattit et tua un ours noir rendu fou par les insectes.

Daar vocht hij tegen een zwarte beer die gek was geworden van insecten, en doodde hem.

L'ours était en train de pêcher et courait aveuglément à travers les arbres.

De beer was aan het vissen en rende blind door de bomen.

La bataille fut féroce, réveillant le profond esprit combatif de Buck.

Het was een heftige strijd, die Bucks vechtlust aanwakkerde.

Deux jours plus tard, Buck est revenu et a trouvé des carcajous près de sa proie.

Twee dagen later keerde Buck terug en trof veelvraten aan bij zijn prooi.

Une douzaine d'entre eux se disputaient la viande avec une fureur bruyante.

Een tiental van hen begonnen luidruchtig en woedend ruzie te maken over het vlees.

Buck chargea et les dispersa comme des feuilles dans le vent.

Buck stormde erop af en verspreidde ze als bladeren in de wind.

Deux loups restèrent derrière, silencieux, sans vie et immobiles pour toujours.

Twee wolven bleven achter – stil, levenloos en onbeweeglijk voor altijd.

La soif de sang était plus forte que jamais.

De bloeddorst werd groter dan ooit.

Buck était un chasseur, un tueur, se nourrissant de créatures vivantes.

Buck was een jager, een moordenaar die zich voedde met levende wezens.

Il a survécu seul, en s'appuyant sur sa force et ses sens aiguisés.

Hij overleefde alleen, vertrouwend op zijn kracht en scherpe zintuigen.

Il prospérait dans la nature, où seuls les plus résistants pouvaient vivre.

Hij gedijde in de wildernis, waar alleen de sterkste dieren konden leven.

De là, une grande fierté s'éleva et remplit tout l'être de Buck.

Hieruit ontstond een grote trots die Bucks hele wezen vulde.

Sa fierté se reflétait dans chacun de ses pas, dans le mouvement de chacun de ses muscles.

Zijn trots was zichtbaar in iedere stap die hij zette, in de bewegingen van iedere spier.

Sa fierté était aussi claire qu'un discours, visible dans la façon dont il se comportait.

Zijn trots was duidelijk te merken aan de manier waarop hij zich gedroeg.

Même son épais pelage semblait plus majestueux et brillait davantage.

Zelfs zijn dikke vacht zag er majestueuzer uit en glansde helderder.

Buck aurait pu être confondu avec un loup géant.

Buck zou aangezien kunnen worden voor een gigantische wolf.

À l'exception du brun sur son museau et des taches au-dessus de ses yeux.

Behalve bruin op zijn snuit en vlekken boven zijn ogen.

Et la traînée de fourrure blanche qui courait au milieu de sa poitrine.

En de witte streep vacht die over het midden van zijn borst liep.

Il était encore plus grand que le plus grand loup de cette race féroce.

Hij was zelfs groter dan de grootste wolf van dat woeste ras.

Son père, un Saint-Bernard, lui a donné de la taille et une ossature lourde.

Zijn vader, een Sint-Bernard, gaf hem zijn formaat en zware postuur.

Sa mère, une bergère, a façonné cette masse en forme de loup.

Zijn moeder, een herderin, vormde dat lichaam tot een wolfachtige vorm.

Il avait le long museau d'un loup, bien que plus lourd et plus large.

Hij had de lange snuit van een wolf, maar was ook zwaarder en breder.

Sa tête était celle d'un loup, mais construite à une échelle massive et majestueuse.

Zijn kop was die van een wolf, maar dan enorm en majestueus.

La ruse de Buck était la ruse du loup et de la nature.

Bucks sluwheid was vergelijkbaar met de sluwheid van de wolf en de wildernis.

Son intelligence lui vient à la fois du berger allemand et du Saint-Bernard.

Zijn intelligentie kwam van zowel de Duitse herder als de Sint-Bernard.

Tout cela, ajouté à une expérience difficile, faisait de lui une créature redoutable.

Dit alles, plus zijn zware ervaringen, maakten hem tot een angstaanjagend wezen.

Il était aussi redoutable que n'importe quelle bête qui parcourait les régions sauvages du nord.

Hij was even geducht als elk ander dier dat in de noordelijke wildernis rondzwierf.

Ne se nourrissant que de viande, Buck a atteint le sommet de sa force.

Buck bereikte het toppunt van zijn kracht door alleen van vlees te leven.

Il débordait de puissance et de force masculine dans chaque fibre de son être.

Hij straalde kracht en mannelijke energie uit in elke vezel van hem.

Lorsque Thornton lui caressait le dos, ses poils brillaient d'énergie.

Toen Thornton over zijn rug streek, begonnen zijn haren te stralen van energie.

Chaque cheveu crépitait, chargé du contact du magnétisme vivant.

Elk haartje knetterde, geladen met een vleugje levend magnetisme.

Son corps et son cerveau étaient réglés sur le ton le plus fin possible.

Zijn lichaam en hersenen stonden op de hoogst mogelijke toonhoogte.

Chaque nerf, chaque fibre et chaque muscle fonctionnaient en parfaite harmonie.

Elke zenuw, vezel en spier werkte in perfecte harmonie samen.

À tout son ou toute vue nécessitant une action, il répondait instantanément.

Op elk geluid of beeld dat om actie vroeg, reageerde hij onmiddellijk.

Si un husky sautait pour attaquer, Buck pouvait sauter deux fois plus vite.

Als een husky zou aanvallen, kon Buck twee keer zo snel springen.

Il a réagi plus vite que les autres ne pouvaient le voir ou l'entendre.

Hij reageerde sneller dan anderen konden zien of horen.

La perception, la décision et l'action se sont produites en un seul instant fluide.

Perceptie, beslissing en actie kwamen allemaal op één vloeiend moment tot stand.

En vérité, ces actes étaient distincts, mais trop rapides pour être remarqués.

Eigenlijk vonden deze handelingen los van elkaar plaats, maar ze vonden te snel plaats om op te merken.

Les intervalles entre ces actes étaient si brefs qu'ils semblaient n'en faire qu'un.

De periodes tussen de acts waren zo kort dat het leek alsof ze één waren.

Ses muscles et son être étaient comme des ressorts étroitement enroulés.

Zijn spieren en lichaam leken op strak opgerolde veren.

Son corps débordait de vie, sauvage et joyeux dans sa puissance.

Zijn lichaam bruiste van leven, wild en vreugdevol in zijn kracht.

Parfois, il avait l'impression que la force allait jaillir de lui entièrement.

Soms had hij het gevoel dat de kracht volledig uit hem zou barsten.

« Il n'y a jamais eu un tel chien », a déclaré Thornton un jour tranquille.

"Er is nog nooit zo'n hond geweest", zei Thornton op een rustige dag.

Les partenaires regardaient Buck sortir fièrement du camp.

De partners keken toe hoe Buck trots het kamp verliet.

« Lorsqu'il a été créé, il a changé ce que pouvait être un chien », a déclaré Pete.

"Toen hij werd gemaakt, veranderde hij wat een hond kan zijn", zei Pete.

« Par Jésus ! Je le pense moi-même », acquiesça rapidement Hans.

"Jeetje! Dat denk ik zelf ook," beaamde Hans snel.

Ils l'ont vu s'éloigner, mais pas le changement qui s'est produit après.

Ze zagen hem wegmarcheren, maar niet de verandering die daarop volgde.

Dès qu'il est entré dans les bois, Buck s'est complètement transformé.

Zodra Buck het bos inkwam, veranderde hij volledig.

Il ne marchait plus, mais se déplaçait comme un fantôme sauvage parmi les arbres.

Hij marcheerde niet meer, maar bewoog zich als een wilde geest tussen de bomen.

Il devint silencieux, les pieds comme un chat, une lueur traversant les ombres.

Hij werd stil, liep op spreidvoeten, een flikkering gleed door de schaduwen.

Il utilisait la couverture avec habileté, rampant sur le ventre comme un serpent.

Hij maakte handig gebruik van dekking en kroop op zijn buik als een slang.

Et comme un serpent, il pouvait bondir en avant et frapper en silence.

En net als een slang kon hij naar voren springen en geluidloos toeslaan.

Il pourrait voler un lagopède directement dans son nid caché.

Hij kon een sneeuwhoen zo uit zijn verborgen nest stelen.

Il a tué des lapins endormis sans un seul bruit.

Hij doodde slapende konijnen zonder ook maar één geluid te maken.

Il pouvait attraper des tamias en plein vol alors qu'ils fuyaient trop lentement.

Hij kon chipmunks in de lucht vangen als ze te langzaam vluchtten.

Même les poissons dans les bassins ne pouvaient échapper à ses attaques soudaines.

Zelfs vissen in vijvers konden niet ontsnappen aan zijn plotselinge aanvallen.

Même les castors astucieux qui réparaient les barrages n'étaient pas à l'abri de lui.

Zelfs de slimme bevers die dammen bouwden, waren niet veilig voor hem.

Il tuait pour se nourrir, pas pour le plaisir, mais il préférait tuer ses propres victimes.

Hij doodde voor het eten, niet voor de lol, maar hij vond zijn eigen doden het leukst.

Pourtant, un humour sournois traversait certaines de ses chasses silencieuses.

Toch zat er een vleugje sluwe humor in sommige van zijn stille jachten.

Il s'est approché des écureuils, mais les a laissés s'échapper.

Hij sloop dicht bij de eekhoorns, maar liet ze vervolgens ontsnappen.

Ils allaient fuir vers les arbres, bavardant dans une rage effrayée.

Ze wilden vluchten naar de bomen, terwijl ze angstig en verontwaardigd kletsten.

À l'arrivée de l'automne, les orignaux ont commencé à apparaître en plus grand nombre.

Toen de herfst kwam, verschenen er steeds meer elanden.

Ils se sont déplacés lentement vers les basses vallées pour affronter l'hiver.

Ze trokken langzaam de lage valleien in om de winter te trotseren.

Buck avait déjà abattu un jeune veau errant.

Buck had al een jong, verdwaald kalf neergehaald.

Mais il aspirait à affronter des proies plus grandes et plus dangereuses.

Maar hij verlangde ernaar om grotere, gevaarlijkere prooien te trotseren.

Un jour, à la ligne de partage des eaux, à la tête du ruisseau, il trouva sa chance.

Op een dag, aan de bron van de kreek, zag hij zijn kans.

Un troupeau de vingt orignaux avait traversé des terres boisées.

Een kudde van twintig elanden was vanuit bosgebied de grens overgestoken.

Parmi eux se trouvait un puissant taureau, le chef du groupe.

Onder hen was een grote stier; de leider van de groep.

Le taureau mesurait plus de six pieds de haut et avait l'air féroce et sauvage.

De stier was ruim 1,80 meter hoog en zag er woest en wild uit.

Il lança ses larges bois, quatorze pointes se ramifiant vers l'extérieur.

Hij gooide zijn brede gewei omhoog, waarvan de veertien punten naar buiten vertakten.

Les extrémités de ces bois s'étendaient sur sept pieds de large.

De uiteinden van die geweien waren ruim twee meter breed.

Ses petits yeux brûlaient de rage lorsqu'il aperçut Buck à proximité.

Zijn kleine ogen brandden van woede toen hij Buck in de buurt zag.

Il poussa un rugissement furieux, tremblant de fureur et de douleur.

Hij slaakte een woedend gebrul en beefde van woede en pijn.

Une pointe de flèche sortait près de son flanc, empennée et pointue.

Aan zijn flank stak een puntige pijl uit, gevederd en scherp.

Cette blessure a contribué à expliquer son humeur sauvage et amère.

Deze wond hielp zijn grimmige, bittere humeur te verklaren.

Buck, guidé par un ancien instinct de chasseur, a fait son mouvement.

Geleid door een oud jachtinstinct, sloeg Buck toe.

Son objectif était de séparer le taureau du reste du troupeau.

Zijn doel was om de stier van de rest van de kudde af te scheiden.

Ce n'était pas une tâche facile : il fallait de la rapidité et une ruse féroce.

Dat was geen gemakkelijke opgave. Er was snelheid en enorme sluwheid voor nodig.

Il aboyait et dansait près du taureau, juste hors de portée.

Hij blafte en danste vlakbij de stier, net buiten bereik.

L'élan s'est précipité avec d'énormes sabots et des bois mortels.

De eland sprong naar voren met zijn enorme hoeven en dodelijke geweien.

Un seul coup aurait pu mettre fin à la vie de Buck en un clin d'œil.

Eén klap had Buck's leven in een oogwenk kunnen beëindigen.

Incapable de laisser la menace derrière lui, le taureau devint fou.

De stier kon de dreiging niet achter zich laten en werd gek.

Il chargea avec fureur, mais Buck s'échappa toujours.

Woedend stormde hij op hem af, maar Buck glipte steeds weg.

Buck simula une faiblesse, l'attirant plus loin du troupeau.

Buck veinsde zwakte en lokte hem verder van de kudde weg.

Mais les jeunes taureaux allaient charger pour protéger le leader.

Maar jonge stieren zouden terugstormen om de leider te beschermen.

Ils ont forcé Buck à battre en retraite et le taureau à rejoindre le groupe.

Ze dwongen Buck om zich terug te trekken en de stier om zich weer bij de groep aan te sluiten.

Il y a une patience dans la nature, profonde et imparable.

Er bestaat geduld in het wild, diep en onstuitbaar.

Une araignée attend immobile dans sa toile pendant d'innombrables heures.

Een spin zit urenlang roerloos in haar web.

Un serpent s'enroule sans tressaillement et attend que son heure soit venue.

Een slang kronkelt zich zonder te trillen en wacht tot het tijd is.

Une panthère se tient en embuscade, jusqu'à ce que le moment arrive.

Een panter ligt op de loer, totdat het moment daar is.

C'est la patience des prédateurs qui chassent pour survivre.

Dit is het geduld van roofdieren die jagen om te overleven.

Cette même patience brûlait à l'intérieur de Buck alors qu'il restait proche.

Datzelfde geduld brandde ook in Buck terwijl hij dichtbij bleef.

Il resta près du troupeau, ralentissant sa marche et suscitant la peur.

Hij bleef bij de kudde, vertraagde hun tempo en zaaide angst.

Il taquinait les jeunes taureaux et harcelait les vaches mères.

Hij plaagde de jonge stieren en irriteerde de moederkoeien.

Il a plongé le taureau blessé dans une rage encore plus profonde et impuissante.

Hij dreef de gewonde stier tot een nog diepere, hulpeloze woede.

Pendant une demi-journée, le combat s'est prolongé sans aucun répit.

De strijd duurde een halve dag voort, zonder enige rust.

Buck attaquait sous tous les angles, rapide et féroce comme le vent.

Buck viel van alle kanten aan, snel en fel als de wind.

Il a empêché le taureau de se reposer ou de se cacher avec son troupeau.

Hij zorgde ervoor dat de stier niet kon rusten of zich kon verstoppen bij de kudde.

Le cerf a épuisé la volonté de l'élan plus vite que son corps.

Buck brak de wil van de eland sneller af dan zijn lichaam.

La journée passa et le soleil se coucha bas dans le ciel du nord-ouest.

De dag verstreek en de zon zakte laag aan de noordwestelijke hemel.

Les jeunes taureaux revinrent plus lentement pour aider leur chef.

De jonge stieren kwamen langzamer terug om hun leider te helpen.

Les nuits d'automne étaient revenues et l'obscurité durait désormais six heures.

De herfstnachten waren teruggekeerd en het duurde nu zes uur lang donker.

L'hiver les poussait vers des vallées plus sûres et plus chaudes.

De winter dwong hen bergafwaarts te trekken, naar veiligere, warmere valleien.

Mais ils ne pouvaient toujours pas échapper au chasseur qui les retenait.

Maar ze konden nog steeds niet ontsnappen aan de jager die hen tegenhield.

Une seule vie était en jeu : pas celle du troupeau, mais celle de leur chef.

Er stond maar één leven op het spel: niet dat van de kudde, maar dat van hun leider.

Cela rendait la menace lointaine et non leur préoccupation urgente.

Daardoor leek de dreiging ver weg en was het niet hun dringende zorg.

Au fil du temps, ils ont accepté ce prix et ont laissé Buck prendre le vieux taureau.

Na verloop van tijd accepteerden ze deze prijs en lieten ze
Buck de oude stier meenemen.

Alors que le crépuscule s'installait, le vieux taureau se tenait debout, la tête baissée.

Terwijl de schemering inviel, stond de oude stier met zijn kop
gebogen.

Il regarda le troupeau qu'il avait conduit disparaître dans la lumière déclinante.

Hij keek toe hoe de kudde die hij had geleid, in het
verdwijnende licht verdween.

Il y avait des vaches qu'il avait connues, des veaux qu'il avait autrefois engendrés.

Er waren koeien die hij kende, kalveren die hij ooit had
verwekt.

Il y avait des taureaux plus jeunes qu'il avait combattus et dominés au cours des saisons précédentes.

Er waren jongere stieren tegen wie hij in voorgaande
seizoenen had gevochten en over wie hij had geregeerd.

Il ne pouvait pas les suivre, car Buck était à nouveau accroupi devant lui.

Hij kon hen niet volgen, want vóór hem hurkte Buck weer.

La terreur impitoyable aux crocs bloquait tous les chemins qu'il pouvait emprunter.

De genadeloze angst met zijn slagtanden blokkeerde elk pad
dat hij kon bewandelen.

Le taureau pesait plus de trois cents livres de puissance dense.

De stier woog meer dan driehonderd kilo aan zware kracht.

Il avait vécu longtemps et s'était battu avec acharnement dans un monde de luttes.

Hij had lang geleefd en hard gevochten in een wereld vol
strijd.

Mais maintenant, à la fin, la mort venait d'une bête bien en dessous de lui.

Maar nu, aan het einde, kwam de dood van een beest ver
beneden hem.

La tête de Buck n'atteignait même pas les énormes genoux noueux du taureau.

Bucks hoofd reikte niet eens tot aan de enorme, gebogen knieën van de stier.

À partir de ce moment, Buck resta avec le taureau nuit et jour.

Vanaf dat moment bleef Buck dag en nacht bij de stier.

Il ne lui a jamais laissé de repos, ne lui a jamais permis de brouter ou de boire.

Hij gaf hem nooit rust, liet hem nooit grazen of drinken.

Le taureau a essayé de manger de jeunes pousses de bouleau et des feuilles de saule.

De stier probeerde jonge berkenscheuten en wilgenbladeren te eten.

Mais Buck le repoussa, toujours alerte et toujours attaquant.

Maar Buck joeg hem weg, altijd alert en altijd aanvallend.

Même dans les ruisseaux qui ruisselaient, Buck bloquait toute tentative assoiffée.

Zelfs bij kabbelende beekjes blokkeerde Buck elke dorstige poging.

Parfois, par désespoir, le taureau s'enfuyait à toute vitesse.

Soms vluchtte de stier uit wanhoop in volle vaart.

Buck le laissa courir, galopant calmement juste derrière, jamais très loin.

Buck liet hem rennen en liep rustig vlak achter hem aan, nooit ver weg.

Lorsque l'élan s'arrêta, Buck s'allongea, mais resta prêt.

Toen de eland stopte, ging Buck liggen, maar bleef wel klaar.

Si le taureau essayait de manger ou de boire, Buck frappait avec une fureur totale.

Als de stier probeerde te eten of te drinken, sloeg Buck met volle woede toe.

La grosse tête du taureau s'affaissait sous ses vastes bois.

De grote kop van de stier zakte verder door onder de enorme geweien.

Son rythme ralentit, le trot devint lourd, une marche trébuchante.

Zijn pas werd trager, de draf werd zwaar en de stap werd strompelend.

Il restait souvent immobile, les oreilles tombantes et le nez au sol.

Vaak stond hij stil, met hangende oren en zijn neus op de grond.

Pendant ces moments-là, Buck prenait le temps de boire et de se reposer.

Tijdens die momenten nam Buck de tijd om te drinken en uit te rusten.

La langue tirée, les yeux fixés, Buck sentait que la terre était en train de changer.

Met zijn tong uitgestoken en zijn ogen strak gericht, voelde Buck dat het landschap veranderde.

Il sentit quelque chose de nouveau se déplacer dans la forêt et dans le ciel.

Hij voelde iets nieuws door het bos en de lucht bewegen.

Avec le retour des orignaux, d'autres créatures sauvages ont fait de même.

Toen de elanden terugkwamen, deden ook de andere wilde dieren dat.

La terre semblait vivante, avec une présence invisible mais fortement connue.

Het land voelde levendig en aanwezig aan, onzichtbaar maar toch sterk bekend.

Ce n'était ni par l'ouïe, ni par la vue, ni par l'odorat que Buck le savait.

Buck wist dit niet door het gehoor, het zicht of de geur.

Un sentiment plus profond lui disait que de nouvelles forces étaient en mouvement.

Een dieper gevoel vertelde hem dat er nieuwe krachten op komst waren.

Une vie étrange s'agitait dans les bois et le long des ruisseaux.

Er woedde een vreemd leven in de bossen en langs de beekjes.

Il a décidé d'explorer cet esprit, une fois la chasse terminée.

Hij besloot deze geest te onderzoeken nadat de jacht was voltooid.

Le quatrième jour, Buck a finalement abattu l'élan.

Op de vierde dag had Buck eindelijk de eland te pakken.

Il est resté près de la proie pendant une journée et une nuit entières, se nourrissant et se reposant.

Hij bleef de hele dag en nacht bij de prooi om te eten en te rusten.

Il mangea, puis dormit, puis mangea à nouveau, jusqu'à ce qu'il soit fort et rassasié.

Hij at, sliep, en at weer, totdat hij sterk en vol was.

Lorsqu'il fut prêt, il retourna vers le camp et Thornton.

Toen hij klaar was, keerde hij terug naar het kamp en Thornton.

D'un pas régulier, il commença le long voyage de retour vers la maison.

Met vaste tred begon hij aan de lange terugreis naar huis.

Il courait d'un pas infatigable, heure après heure, sans jamais s'égarer.

Hij rende onvermoeibaar, urenlang, zonder ook maar één keer af te wijken.

À travers des terres inconnues, il se déplaçait droit comme l'aiguille d'une boussole.

Door onbekende landen bewoog hij zich rechtdoor als een kompasnaald.

Son sens de l'orientation faisait paraître l'homme et la carte faibles en comparaison.

In vergelijking daarmee leek de mens en de kaart zwak.

Tandis que Buck courait, il sentait plus fortement l'agitation dans la terre sauvage.

Terwijl Buck rende, voelde hij de opwinding in het ruige landschap steeds sterker.

C'était un nouveau genre de vie, différent de celui des mois calmes de l'été.

Het was een nieuw soort leven, anders dan het leven in de rustige zomermaanden.

Ce sentiment n'était plus un message subtil ou distant.

Dit gevoel kwam niet langer als een subtiele of verre boodschap.

Maintenant, les oiseaux parlaient de cette vie et les écureuils en bavardaient.

De vogels spraken over dit leven en de eekhoorns kwetterden erover.

Même la brise murmurait des avertissements à travers les arbres silencieux.

Zelfs de bries fluisterde waarschuwingen door de stille bomen.

Il s'arrêta à plusieurs reprises et respira l'air frais du matin.

Meerdere malen bleef hij staan en snoof de frisse ochtendlucht op.

Il y lut un message qui le fit bondir plus vite en avant.

Daar las hij een bericht waardoor hij sneller vooruit sprong.

Un lourd sentiment de danger l'envahit, comme si quelque chose s'était mal passé.

Hij voelde zich ineens heel gevaarlijk, alsof er iets mis was gegaan.

Il craignait qu'une catastrophe ne se produise – ou ne soit déjà arrivée.

Hij vreesde dat er onheil op komst was, of al gekomen was.

Il franchit la dernière crête et entra dans la vallée en contrebas.

Hij stak de laatste bergkam over en kwam in de vallei terecht.

Il se déplaçait plus lentement, alerte et prudent à chaque pas.

Bij iedere stap bewoog hij langzamer, alerter en voorzichtiger.

À trois milles de là, il trouva une piste fraîche qui le fit se raidir.

Vijf kilometer verderop vond hij een vers spoor dat hem deed verstijven.

Les cheveux le long de son cou ondulaient et se hérissaient d'alarme.

De haren in zijn nek gingen overeind staan van schrik.

Le sentier menait directement au camp où Thornton attendait.

Het pad leidde rechtstreeks naar het kamp waar Thornton wachtte.

Buck se déplaçait désormais plus rapidement, sa foulée à la fois silencieuse et rapide.

Buck bewoog nu sneller, zijn passen waren zowel stil als snel.

Ses nerfs se sont resserrés lorsqu'il a lu des signes que d'autres allaient manquer.

Hij werd steeds zenuwachtiger toen hij de signalen zag die anderen niet zouden herkennen.

Chaque détail du sentier racontait une histoire, sauf le dernier morceau.

Elk detail van de route vertelde een verhaal, behalve het laatste stuk.

Son nez lui parlait de la vie qui s'était déroulée ici.

Zijn neus vertelde hem over het leven dat hier voorbij was gegaan.

L'odeur lui donnait une image changeante alors qu'il le suivait de près.

De geur wekte een veranderend beeld op terwijl hij hem dicht volgde.

Mais la forêt elle-même était devenue silencieuse, anormalement immobile.

Maar het bos zelf was stil geworden; onnatuurlijk stil.

Les oiseaux avaient disparu, les écureuils étaient cachés, silencieux et immobiles.

Vogels waren verdwenen, eekhoorns waren verborgen, stil en onbeweeglijk.

Il n'a vu qu'un seul écureuil gris, allongé sur un arbre mort.

Hij zag slechts één grijze eekhoorn, plat op een dode boom.

L'écureuil se fondait dans la masse, raide et immobile comme une partie de la forêt.

De eekhoorn ging op in de omgeving, stijf en bewegingloos als een deel van het bos.

Buck se déplaçait comme une ombre, silencieux et sûr à travers les arbres.

Buck bewoog zich als een schaduw, stil en zeker door de bomen.

Son nez se souleva sur le côté comme s'il était tiré par une main invisible.

Zijn neus bewoog opzij, alsof er door een onzichtbare hand aan werd getrokken.

Il se retourna et suivit la nouvelle odeur jusqu'au plus profond d'un fourré.

Hij draaide zich om en volgde de nieuwe geur tot diep in het struikgewas.

Là, il trouva Nig, étendu mort, transpercé par une flèche.

Daar vond hij Nig, dood liggend, doorboord door een pijl.

La flèche traversa son corps, laissant encore apparaître ses plumes.

De pijl ging dwars door zijn lichaam heen, en zijn veren waren nog zichtbaar.

Nig s'était traîné jusqu'ici, mais il était mort avant d'avoir pu obtenir de l'aide.

Nig had zichzelf erheen gesleept, maar stierf voordat hij hulp kon bereiken.

Une centaine de mètres plus loin, Buck trouva un autre chien de traîneau.

Honderd meter verderop zag Buck nog een sledehond.

C'était un chien que Thornton avait racheté à Dawson City.

Het was een hond die Thornton had gekocht in Dawson City.

Le chien était en proie à une lutte à mort, se débattant violemment sur le sentier.

De hond was in een doodsstrijd verwikkeld en spartelde hevig op het pad.

Buck le contourna sans s'arrêter, les yeux fixés devant lui.

Buck liep langs hem heen, bleef niet stilstaan en hield zijn ogen strak voor zich uit gericht.

Du côté du camp venait un chant lointain et rythmé.

Vanuit de richting van het kamp klonk in de verte een ritmisch gezang.

Les voix s'élevaient et retombaient sur un ton étrange, inquiétant et chantant.

Stemmen rezen en daalden in een vreemde, griezelige, zangerige toon.

Buck rampa jusqu'au bord de la clairière en silence.

Buck kroop zwijgend naar de rand van de open plek.

Là, il vit Hans étendu face contre terre, percé de nombreuses flèches.

Daar zag hij Hans liggen, met zijn gezicht naar beneden, doorboord door vele pijlen.

Son corps ressemblait à celui d'un porc-épic, hérissé de plumes.

Zijn lichaam leek op een stekelvarken, vol met veren.

Au même moment, Buck regarda vers le pavillon en ruine.

Op hetzelfde moment keek Buck naar de verwoeste lodge.

Cette vue lui fit dresser les cheveux sur la nuque et les épaules.

Deze aanblik deed de haren in zijn nek en schouders overeind staan.

Une tempête de rage sauvage parcourut tout le corps de Buck.

Een storm van woeste woede ging door Bucks hele lichaam.

Il grogna à haute voix, même s'il ne savait pas qu'il l'avait fait.

Hij gromde luid, hoewel hij niet wist dat hij dat deed.

Le son était brut, rempli d'une fureur terrifiante et sauvage.

Het geluid was rauw en vol angstaanjagende, wilde woede.

Pour la dernière fois de sa vie, Buck a perdu la raison au profit de l'émotion.

Voor de laatste keer in zijn leven verloor Buck zijn rede voor emoties.

C'est l'amour pour John Thornton qui a brisé son contrôle minutieux.

Het was de liefde voor John Thornton die zijn zorgvuldige controle verbrak.

Les Yeehats dansaient autour de la hutte en épicéa détruite.

De Yeehats dansten rond het verwoeste sparrenhouten huisje.

Puis un rugissement retentit et une bête inconnue chargea vers eux.

Toen klonk er een gebrul en een onbekend beest stormde op hen af.

C'était Buck ; une fureur en mouvement ; une tempête vivante de vengeance.

Het was Buck; een woedende, levende storm van wraak.

Il se jeta au milieu d'eux, fou du besoin de tuer.

Hij wierp zich midden tussen hen in, waanzinnig van de drang om te doden.

Il sauta sur le premier homme, le chef Yeehat, et frappa juste.

Hij sprong op de eerste man af, de Yeehat-leider, en trof doel.

Sa gorge fut déchirée et du sang jaillit à flots.

Zijn keel was opengereten en het bloed spoot eruit.

Buck ne s'arrêta pas, mais déchira la gorge de l'homme suivant d'un seul bond.

Buck stopte niet, maar scheurde met één sprong de keel van de volgende man open.

Il était inarrêtable : il déchirait, taillait, ne s'arrêtait jamais pour se reposer.

Hij was niet te stoppen: hij scheurde en hakte erop los, zonder ooit even stil te staan.

Il s'élança et bondit si vite que leurs flèches ne purent l'atteindre.

Hij schoot en sprong zo snel dat de pijlen hem niet konden raken.

Les Yeehats étaient pris dans leur propre panique et confusion.

De Yeehats raakten in paniek en verwarring.

Leurs flèches manquèrent Buck et se frappèrent l'une l'autre à la place.

Hun pijlen misten Buck en raakten elkaar.

Un jeune homme a lancé une lance sur Buck et a touché un autre homme.

Eén jongere gooide een speer naar Buck en raakte daarmee een andere man.

La lance lui transperça la poitrine, la pointe lui transperçant le dos.

De speer drong door zijn borstkas en de punt drong in zijn rug door.

La terreur s'empara des Yeehats et ils se mirent en retraite.

Er ontstond paniek onder de Yeehats en ze sloegen op de vlucht.

Ils crièrent à l'Esprit Maléfique et s'enfuirent dans les ombres de la forêt.

Ze schreeuwden om de Boze Geest en vluchtten de schaduwen van het bos in.

Vraiment, Buck était comme un démon alors qu'il poursuivait les Yeehats.

Buck gedroeg zich werkelijk als een duivel toen hij de Yeehats achtervolgde.

Il les poursuivit à travers la forêt, les faisant tomber comme des cerfs.

Hij rende achter hen aan door het bos en doodde hen als herten.

Ce fut un jour de destin et de terreur pour les Yeehats effrayés.

Het werd een dag van noodlot en angst voor de bange Yeehats.

Ils se dispersèrent à travers le pays, fuyant au loin dans toutes les directions.

Ze verspreidden zich over het land en vluchtten alle kanten op.

Une semaine entière s'est écoulée avant que les derniers survivants ne se retrouvent dans une vallée.

Er ging een hele week voorbij voordat de laatste overlevenden elkaar in een vallei ontmoetten.

Ce n'est qu'alors qu'ils ont compté leurs pertes et parlé de ce qui s'était passé.

Pas toen telden ze hun verliezen en spraken ze over wat er gebeurd was.

Buck, après s'être lassé de la chasse, retourna au camp en ruine.

Buck was moe van de achtervolging en keerde terug naar het verwoeste kamp.

Il a trouvé Pete, toujours dans ses couvertures, tué lors de la première attaque.

Hij vond Pete, nog steeds onder zijn dekens, gedood bij de eerste aanval.

Les signes du dernier combat de Thornton étaient marqués dans la terre à proximité.

Sporen van Thorntons laatste strijd waren in het nabijgelegen stof te zien.

Buck a suivi chaque trace, reniflant chaque marque jusqu'à un point final.

Buck volgde elk spoor en besnuffelde elk spoor tot hij een eindpunt had bereikt.

Au bord d'un bassin profond, il trouva le fidèle Skeet, allongé immobile.

Aan de rand van een diepe poel vond hij de trouwe Skeet, stil liggend.

La tête et les pattes avant de Skeet étaient dans l'eau, immobiles dans la mort.

Skeets hoofd en voorpoten stonden roerloos in het water, dood.

La piscine était boueuse et contaminée par les eaux de ruissellement provenant des écluses.

Het bassin was modderig en vervuild met afvalwater uit de sluiskasten.

Sa surface nuageuse cachait ce qui se trouvait en dessous, mais Buck connaissait la vérité.

Het bewolkte oppervlak verborg wat eronder lag, maar Buck kende de waarheid.

Il a suivi l'odeur de Thornton dans la piscine, mais l'odeur ne menait nulle part ailleurs.

Hij volgde Thorntons geur tot in het zwembad, maar de geur leidde nergens anders heen.

Aucune odeur ne menait à l'extérieur, seulement le silence des eaux profondes.

Er was geen geur die naar buiten leidde, alleen de stilte van het diepe water.

Toute la journée, Buck resta près de la piscine, arpentant le camp avec chagrin.

Buck bleef de hele dag bij het zwembad en liep verdrietig heen en weer door het kamp.

Il errait sans cesse ou restait assis, immobile, perdu dans ses pensées.

Hij dwaalde rusteloos rond of zat stil, verzonken in zware gedachten.

Il connaissait la mort, la fin de la vie, la disparition de tout mouvement.

Hij kende de dood, het einde van het leven, het verdwijnen van alle beweging.

Il comprit que John Thornton était parti et ne reviendrait jamais.

Hij begreep dat John Thornton weg was en nooit meer terug zou komen.

La perte a laissé en lui un vide qui palpitait comme la faim.

Het verlies liet een lege plek in hem achter, die klopte als honger.

Mais c'était une faim que la nourriture ne pouvait apaiser, peu importe la quantité qu'il mangeait.

Maar het was een honger die hij niet kon stillen, hoeveel hij ook at.

Parfois, alors qu'il regardait les Yeehats morts, la douleur s'estompait.

Soms, als hij naar de dode Yeehats keek, verdween de pijn.

Et puis une étrange fierté monta en lui, féroce et complète.

En toen welde er een vreemde trots in hem op, hevig en volkomen.

Il avait tué l'homme, le gibier le plus élevé et le plus dangereux de tous.

Hij had de mens gedood, het hoogste en gevaarlijkste spel dat er bestaat.

Il avait tué au mépris de l'ancienne loi du gourdin et des crocs.

Hij had gedood in strijd met de eeuwenoude wet van knots en slagtand.

Buck renifla leurs corps sans vie, curieux et pensif.

Buck besnuffelde hun levenloze lichamen, nieuwsgierig en nadenkend.

Ils étaient morts si facilement, bien plus facilement qu'un husky dans un combat.

Ze waren zo gemakkelijk gestorven, veel gemakkelijker dan een husky in een gevecht.

Sans leurs armes, ils n'avaient aucune véritable force ni menace.

Zonder hun wapens waren ze niet echt sterk of gevaarlijk.

Buck n'aurait plus jamais peur d'eux, à moins qu'ils ne soient armés.

Buck zou nooit meer bang voor ze zijn, tenzij ze bewapend zijn.

Ce n'est que lorsqu'ils portaient des gourdins, des lances ou des flèches qu'il se méfiait.

Alleen wanneer ze knuppels, speren of pijlen bij zich hadden, was hij op zijn hoede.

La nuit tomba et une pleine lune se leva au-dessus de la cime des arbres.

De nacht viel en een volle maan verscheen hoog boven de boomtoppen.

La pâle lumière de la lune baignait la terre d'une douce lueur fantomatique, comme le jour.

Het zwakke maanlicht hulde het land in een zacht, spookachtig schijnsel, alsof het dag was.

Alors que la nuit s'approfondissait, Buck pleurait toujours au bord de la piscine silencieuse.

Terwijl de nacht vorderde, rouwde Buck nog steeds bij de stille poel.

Puis il prit conscience d'un autre mouvement dans la forêt.

Toen merkte hij dat er iets anders in het bos gebeurde.

L'agitation ne venait pas des Yeehats, mais de quelque chose de plus ancien et de plus profond.

De aanleiding voor deze actie was niet de Yeehats, maar iets wat ouder en dieper was.

Il se leva, les oreilles dressées, le nez testant la brise avec précaution.

Hij stond op, met gespitste oren, en tastte voorzichtig de wind af met zijn neus.

De loin, un cri faible et aigu perça le silence.

Van veraf klonk een zwakke, scherpe kreet die de stilte doorbrak.

Puis un chœur de cris similaires suivit de près le premier.

Daarna volgde een koor met soortgelijke kreten, vlak na de eerste.

Le bruit se rapprochait, devenant plus fort à chaque instant qui passait.

Het geluid kwam dichterbij en werd met elk moment luider.

Buck connaissait ce cri : il venait de cet autre monde dans sa mémoire.

Buck kende deze kreet, hij hoorde hem vanuit die andere wereld in zijn geheugen.

Il se dirigea vers le centre de l'espace ouvert et écouta attentivement.

Hij liep naar het midden van de open ruimte en luisterde aandachtig.

L'appel retentit, multiple et plus puissant que jamais.

De roep klonk luid en duidelijk, krachtiger dan ooit.

Et maintenant, plus que jamais, Buck était prêt à répondre à son appel.

En nu, meer dan ooit tevoren, was Buck klaar om zijn roeping te beantwoorden.

John Thornton était mort et il ne lui restait plus aucun lien avec l'homme.

John Thornton was dood. Hij voelde zich niet meer verbonden met de mens.

L'homme et toutes ses prétentions avaient disparu : il était enfin libre.

De mens en alle menselijke aanspraken waren verdwenen: hij was eindelijk vrij.

La meute de loups chassait de la viande comme les Yeehats l'avaient fait autrefois.

De roedel wolven was op jacht naar vlees, net zoals de Yeehats dat vroeger ook deden.

Ils avaient suivi les orignaux depuis les terres boisées.

Ze waren de elanden vanuit het bosgebied gevolgd.

Maintenant, sauvages et affamés de proies, ils traversèrent sa vallée.

Nu staken ze, wild en hongerig naar prooi, de vallei over.

Ils arrivèrent dans la clairière éclairée par la lune, coulant comme de l'eau argentée.

Ze kwamen de open plek in het maanlicht binnen, stromend als zilverkleurig water.

Buck se tenait immobile au centre, les attendant.

Buck bleef roerloos in het midden staan en wachtte op hen.

Sa présence calme et imposante a stupéfié la meute et l'a plongée dans un bref silence.

Zijn kalme, grote aanwezigheid deed de roedel even zwijgen.

Alors le loup le plus audacieux sauta droit sur lui sans hésitation.

Toen sprong de stoutmoedigste wolf zonder aarzelen recht op hem af.

Buck frappa vite et brisa le cou du loup d'un seul coup.

Buck sloeg snel toe en brak met één enkele klap de nek van de wolf.

Il resta immobile à nouveau tandis que le loup mourant se tordait derrière lui.

Hij bleef weer roerloos staan, terwijl de stervende wolf zich achter hem omdraaide.

Trois autres loups ont attaqué rapidement, l'un après l'autre.

Drie andere wolven vielen snel aan, de een na de ander.

Chacun d'eux s'est retiré en sang, la gorge ou les épaules tranchées.

Ze kwamen allemaal bloedend terug, met doorgesneden keel of schouders.

Cela a suffi à déclencher une charge sauvage de toute la meute.

Dat was voor de hele roedel aanleiding om in een wilde aanval te gaan.

Ils se précipitèrent ensemble, trop impatients et trop nombreux pour bien frapper.

Ze stormden gezamenlijk naar binnen, te gretig en te dicht op elkaar om goed toe te slaan.

La vitesse et l'habileté de Buck lui ont permis de rester en tête de l'attaque.

Dankzij Bucks snelheid en vaardigheid kon hij de aanval voorblijven.

Il tournait sur ses pattes arrière, claquant et frappant dans toutes les directions.

Hij draaide zich om op zijn achterpoten en sloeg en sloeg in alle richtingen.

Pour les loups, cela donnait l'impression que sa défense ne s'était jamais ouverte ou n'avait jamais faibli.

Voor de wolven leek het erop dat zijn verdediging nooit wankelde.

Il s'est retourné et a frappé si vite qu'ils ne pouvaient pas passer derrière lui.

Hij draaide zich om en sloeg zo snel toe dat ze niet achter hem konden komen.

Néanmoins, leur nombre l'obligea à céder du terrain et à reculer.

Toch dwongen hun aantallen hem om terrein prijs te geven en zich terug te trekken.

Il passa devant la piscine et descendit dans le lit rocheux du ruisseau.

Hij liep langs de poel en de rotsachtige kreekbedding in.

Là, il se heurta à un talus abrupt de gravier et de terre.

Daar stuitte hij op een steile helling van grind en aarde.

Il s'est retrouvé coincé dans un coin coupé lors des fouilles des mineurs.

Hij belandde in een hoek die was afgesneden tijdens het oude graafwerk van de mijnwerkers.

Désormais protégé sur trois côtés, Buck ne faisait face qu'au loup de devant.

Nu, beschermd aan drie kanten, hoefde Buck alleen nog maar de voorste wolf te trotseren.

Là, il se tenait à distance, prêt pour la prochaine vague d'assaut.

Daar stond hij op afstand, klaar voor de volgende aanvalsgolf.

Buck a tenu bon si farouchement que les loups ont reculé.

Buck hield zo stand dat de wolven zich terugtrokken.

Au bout d'une demi-heure, ils étaient épuisés et visiblement vaincus.

Na een half uur waren ze uitgeput en zichtbaar verslagen.

Leurs langues pendaient, leurs crocs blancs brillaient au clair de lune.

Hun tongen hingen uit en hun witte hoektanden glinsterden in het maanlicht.

Certains loups se sont couchés, la tête levée, les oreilles dressées vers Buck.

Sommige wolven gingen liggen, met hun hoofd omhoog en hun oren gespitst in de richting van Buck.

D'autres restaient immobiles, vigilants et observant chacun de ses mouvements.

Anderen stonden stil, alert en hielden elke beweging van hem in de gaten.

Quelques-uns se sont dirigés vers la piscine et ont bu de l'eau froide.

Enkelen gingen naar het zwembad en dronken wat koud water.

Puis un loup gris, long et maigre, s'avança doucement.

Toen kroop er een lange, magere grijze wolf zachtjes naar voren.

Buck le reconnut : c'était le frère sauvage de tout à l'heure.

Buck herkende hem: het was de wilde broer van net.

Le loup gris gémit doucement, et Buck répondit par un gémissement.

De grijze wolf jankte zachtjes en Buck antwoordde met een jank.

Ils se touchèrent le nez, tranquillement et sans menace ni peur.

Ze raakten elkaars neuzen aan, stilletjes en zonder bedreiging of angst.

Ensuite est arrivé un loup plus âgé, maigre et marqué par de nombreuses batailles.

Daarna kwam er een oudere wolf, mager en met littekens van de vele gevechten.

Buck commença à grogner, mais s'arrêta et renifla le nez du vieux loup.

Buck begon te grommen, maar hield even op en besnuffelde de neus van de oude wolf.

Le vieux s'assit, leva le nez et hurla à la lune.

De oude man ging zitten, hief zijn neus op en huilde naar de maan.

Le reste de la meute s'assit et se joignit au long hurlement.

De rest van de roedel ging zitten en zong mee in het lange gehuil.

Et maintenant, l'appel est venu à Buck, indubitable et fort.

En nu bereikte Buck de roep, onmiskenbaar en krachtig.

Il s'assit, leva la tête et hurla avec les autres.

Hij ging zitten, hief zijn hoofd op en huilde met de anderen mee.

Lorsque les hurlements ont cessé, Buck est sorti de son abri rocheux.

Toen het gehuil ophield, stapte Buck uit zijn rotsachtige schuilplaats.

La meute se referma autour de lui, reniflant à la fois gentiment et avec prudence.

De roedel sloot zich om hem heen en begon vriendelijk en voorzichtig te snuffelen.

Les chefs ont alors poussé un cri et se sont précipités dans la forêt.

Toen gaven de leiders een gil en renden het bos in.

Les autres loups suivirent, hurlant en chœur, sauvages et rapides dans la nuit.

De andere wolven volgden, jankend in koor, wild en snel in de nacht.

Buck courait avec eux, à côté de son frère sauvage, hurlant en courant.

Buck rende met hen mee, naast zijn wilde broer, en huilde terwijl hij rende.

Ici, l'histoire de Buck fait bien de se terminer.
Hier komt het verhaal van Buck mooi tot een einde.

Dans les années qui suivirent, les Yeehats remarquèrent d'étranges loups.
In de jaren die volgden, merkten de Yeehats vreemde wolven op.

Certains avaient du brun sur la tête et le museau, du blanc sur la poitrine.
Sommigen hadden bruin op hun kop en snuit, en wit op hun borst.

Mais plus encore, ils craignaient une silhouette fantomatique parmi les loups.
Maar ze waren nog banger voor een spookachtige figuur onder de wolven.

Ils parlaient à voix basse du Chien Fantôme, chef de la meute.
Ze spraken fluisterend over de Geesthond, de leider van de roedel.

Ce chien fantôme était plus rusé que le plus audacieux des chasseurs Yeehat.
Deze Spookhond was sluwer dan de dapperste Yeehat-jager.

Le chien fantôme a volé dans les camps en plein hiver et a déchiré leurs pièges.
De spookhond stal midden in de winter uit de kampen en scheurde hun vallen kapot.

Le chien fantôme a tué leurs chiens et a échappé à leurs flèches sans laisser de trace.
De spookhond doodde hun honden en ontsnapte spoorloos aan de pijlen.

Même leurs guerriers les plus courageux craignaient d'affronter cet esprit sauvage.
Zelfs hun dapperste krijgers waren bang om deze wilde geest onder ogen te komen.

Non, l'histoire devient encore plus sombre à mesure que les années passent dans la nature.

Nee, het verhaal wordt nog donkerder naarmate de jaren in de wildernis verstrijken.

Certains chasseurs disparaissent et ne reviennent jamais dans leurs camps éloignés.

Sommige jagers verdwijnen en keren nooit meer terug naar hun afgelegen kampen.

D'autres sont retrouvés la gorge arrachée, tués dans la neige.

Anderen worden met doorgesneden keel gevonden, gedood in de sneeuw.

Autour de leur corps se trouvent des traces plus grandes que celles que n'importe quel loup pourrait laisser.

Rondom hun lichamen bevinden zich sporen, groter dan welke wolf dan ook zou kunnen maken.

Chaque automne, les Yeehats suivent la piste de l'élan.

Elk najaar volgen de Yeehats het spoor van de elanden.

Mais ils évitent une vallée avec la peur profondément gravée dans leur cœur.

Maar ze vermijden één vallei, met angst die diep in hun hart is gekerfd.

Ils disent que la vallée a été choisie par l'Esprit du Mal pour y vivre.

Ze zeggen dat de vallei door de Boze Geest is uitgekozen als zijn woonplaats.

Et quand l'histoire est racontée, certaines femmes pleurent près du feu.

En als het verhaal verteld is, zitten er vrouwen bij het vuur te huilen.

Mais en été, un visiteur vient dans cette vallée tranquille et sacrée.

Maar in de zomer komt er een bezoeker naar die stille, heilige vallei.

Les Yeehats ne le connaissent pas et ne peuvent pas le comprendre.

De Yeehats wisten niets van zijn bestaan en konden het ook niet begrijpen.

Le loup est un grand loup, revêtu de gloire, comme aucun autre de son espèce.

De wolf is een geweldig dier, bedekt met glorie, zoals geen ander in zijn soort.

Lui seul traverse le bois vert et entre dans la clairière de la forêt.

Hij alleen steekt het groene bos over en betreedt de open plek in het bos.

Là, la poussière dorée des sacs en peau d'élan s'infiltre dans le sol.

Daar sijpelt het gouden stof van elandenhuidzakken in de grond.

L'herbe et les vieilles feuilles ont caché le jaune du soleil.

Gras en oude bladeren verbergen het geel voor de zon.

Ici, le loup se tient en silence, réfléchissant et se souvenant.

Hier staat de wolf in stilte, nadenkend en herinnerend.

Il hurle une fois, longuement et tristement, avant de se retourner pour partir.

Hij huilt één keer – lang en treurig – voordat hij zich omdraait om weg te gaan.

Mais il n'est pas toujours seul au pays du froid et de la neige.

Toch is hij niet altijd alleen in het land van kou en sneeuw.

Quand les longues nuits d'hiver descendent sur les basses vallées.

Wanneer lange winternachten over de lager gelegen valleien neerdalen.

Quand les loups suivent le gibier à travers le clair de lune et le gel.

Als de wolven het wild volgen in het maanlicht en bij vorst.

Puis il court en tête du peloton, sautant haut et sauvagement.

Dan rent hij voorop en springt hoog en wild.

Sa silhouette domine les autres, sa gorge est animée par le chant.

Zijn gestalte torent boven de anderen uit, zijn keel klinkt van gezang.

C'est le chant du monde plus jeune, la voix de la meute.

Het is het lied van de jongere wereld, de stem van de roedel.
Il chante en courant, fort, libre et toujours sauvage.
Hij zingt terwijl hij rent: sterk, vrij en altijd wild.